南の島に夢を描いて

落選町長のボランティア奮闘記

川口孝太郎
KAWAGUCHI Kotaro

北海道新聞社

南国の日差しの下、剣道の指導に打ち込む私

ドキュメンタリー番組の取材で訪れたマレクラ島で、パウロ（前列左端）
とその家族と一緒に記念撮影

帰国前日、ポートビラ市のウルリッチ市長と。
胸にかけているのは同市から授与されたメダル

ポートビラ港の美しい夕暮れ

南の島に夢を描いて　落選町長のボランティア奮闘記

川口孝太郎

まえがき

この本は、屈辱からはい上がった一人の男の物語です。

1998年4月から2期8年間、私は出身地である空知管内栗山町の町長でした。しかし、3期目を目指した選挙で3千票差をつけられ、惨敗しました。

私には、栗山を日本一の町にしようと頑張ってきた自負がありました。それだけに、「落選」という結果と向き合うたび、悔しさと恥ずかしさで心が押しつぶされそうになりました。

この大きな挫折を乗り越えたい――そう願った私が選んだ道は、海外ボランティアでした。舞台は南太平洋の楽園バヌアツ共和国。人口27万人の島国です。

この本は大きく2部に分かれています。

第1部では、2007年4月から2年間、66歳から68歳にかけて国際協力機構（JICA）のシニアボランティアとしてバヌアツの内務省で都市計画アドバイザーとして働いた経験をつづりました。
第2部は、13年9月から1年間、72歳から73歳にかけて、個人でバヌアツへ渡り、ポートビラ市役所で市長アドバイザーを務めたときの出来事を記しました。

2度のボランティアを経て、私はようやく悔しさを克服することができました。バヌアツの人々と交流し、日本とは異なる価値観に触れることで視野も広がり、人間として成長することができたと思います。長い目で見れば、落選は私の人生に大きな果実をもたらしてくれました。愛する家族をはじめ、私を支えてくれたバヌアツと日本の人たち全てに心から感謝します。

私がバヌアツに渡ったのは66歳のときで、2度目のボランティアを終えて帰国したときには73歳でした。年齢を重ねても、能力を生かして社会に貢献したい、海外でボランティアに取り組みたいと考えている人は多いことでしょう。本書を手に取っていただき、私の経験を役立ててもらえれば幸いです。

※特段の記載がない限り、第1部、第2部とも、著者がバヌアツに滞在していた当時の状況をもとに記述しています。

目次

まえがき——2

第1部　初めての海外ボランティア——9

1．落選、そして挑戦——10
全力で駆け抜けた町長の8年／悔しさをバネに／夢への手がかり
初めてバヌアツへ／旅立ち

2．2年間の第一歩——22
バヌアツ言葉事情／電気も水道もない！／内務省にあいさつ
世界で一番幸せな国／バヌアツ小史／共和制

3．ボランティアの仕事——36
私の職場／ビスラマ語とパソコン／ないないづくし／バヌアツタイム

4．南太平洋の楽園——46
観光／伝統文化／地方出張／バンジージャンプ／首都ポートビラ
市民の暮らし

5．都市計画「レインボープラン」——60
基本方針／苦労の末に見えた課題／現地調査／プランの公表

6. 日本の剣道――69
なぜ教えるのか／素晴らしい弟子たち／ありがたい支援／市民にお披露目

7. エリザベートの日本留学――79
目の当たりにした差別／「神様が願いを聞いてくれた」／一家と一緒に一時帰国
もう一人のボランティア

8. 日々の出来事――90
健康と食事／危険がいっぱい!?／中国人のビジネス／したたかな中国の援助
妻とそばと虫よけと／妻の〝英会話〟／友の一人旅

9. 島を巡る――104
ヌーナ島の休日／マタソ島探検／島の現実

10. バヌアツ最後の日々――115
テレビ取材班が来た／マレクラ島再訪／日本人はなぜ働くのか／愛弟子との別れ
内務省の皆さん　ありがとう!

11. そして、日本へ――129
後ろ髪引かれる帰国／夢を持ち、持ち続ける／両陛下がほほ笑まれたお話

第2部　バヌアツ再訪〜73歳の暴走〜 ―― 137

1. 再びバヌアツへ ―― 138
逆風にあらがって／支援を力に挑戦開始／ボランティア先探し
侍の気概で面談／1年間の住まい

2. ボランティアのスタート ―― 150
信頼を得たい！／すべきことは何か／英語ができなければ人ではない

3. ポートビラ市の財政再建 ―― 157
プレゼンも一苦労／三つの積極策／大胆なコストカット

4. 交通問題に取り組む ―― 164
渋滞解消を目指して／段差をなくして輝く笑顔

5. 友人のバヌアツ訪問 ―― 171
心強いサポート／うれしい励まし

6. 中古ごみ収集車の寄贈 ―― 177
求む！　収集車／「便り」が縁で寄贈が実現／輸送費で一騒動
走り出せ！　フクオカ号／うれしい！　うれしい！　ようやくバヌアツの役に立った！

7. 私のボランティア論――185
個人ボランティアに挑戦して／ボランティアはさせてもらうもの
青年海外協力隊員の活躍と苦悩

8. バヌアツ暮らしの悲喜こもごも――194
73歳の学び／世界で一番大切な家族／生活費の苦労／妻へのメール／苦い思い出

9. バヌアツよ！ ありがとう――204
ブラックの誇り／後世に残したい人と自然／市長からのメダル授与

10. 帰国してから――213
サイクロンとワタナベ号／新たな夢に向かって

あとがき――220

バヌアツ共和国

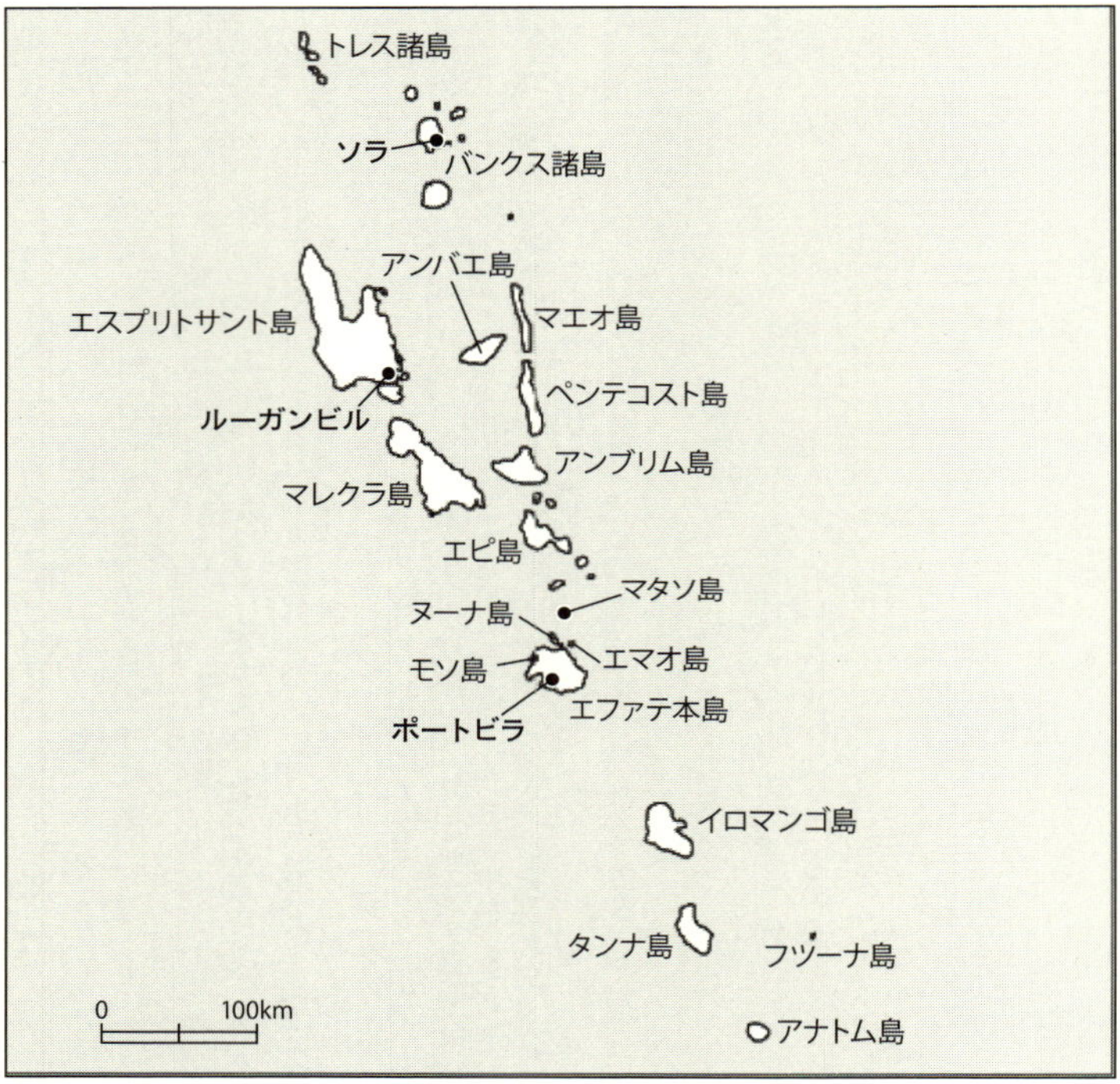
トレス諸島
ソラ
バンクス諸島
アンバエ島
マエオ島
エスプリトサント島
ペンテコスト島
ルーガンビル
アンブリム島
マレクラ島
エピ島
マタソ島
ヌーナ島
エマオ島
モソ島
エファテ本島
ポートビラ
イロマンゴ島
タンナ島
フツーナ島
0
100km
アナトム島

第1部

初めての海外ボランティア

1 落選、そして挑戦

全力で駆け抜けた町長の8年

２００６年4月2日、栗山町長選開票日。

結果を見に開票所へ出かけた長女が、帰ってくるなり言いました。

「ごめんなさい。お父さん、負けてしまったよ！」

「やっぱり、やられたか……」

選挙の情勢分析で不利なのは分かっていたものの、投票日が近づくにつれて運動の手応えが増していたので、あるいは接戦となり、結果は分からないかもと思っていました。しかし、ふたを開けてみれば相手候補に3千票の大差をつけられての敗北でした。65歳のときです。

後援会事務所で支援者を前に「この敗北は全て私の不徳の致すところ」と落選の弁。皆さんの熱心な応援に心から感謝しながら、初めて町長選に立候補したころを思い出していました。

１９９８年、道職員だった私は、当時10市町村、人口約29万人だった釧路支庁（現釧路総合振興局）の支庁長として大きな責任を持たされ、やりがいを感じて張り切っていました。

栗山町長として町議会で町政執行方針演説をする私

「コータロー、遊びに行っていいか？」

栗山中学校で同級生だった仲間から電話があり、頑張っている姿を見てもらいたくて二つ返事でＯＫしました。昔話をするのかと思っていたのです。ところが、顔を合わせるなり、こう切り出されました。

「栗山の町長が突然亡くなった！　後継者としてお前の名前が出ているぞ。どうする？」

驚いた私は「急にそんな話をされてもよく分からない！　第一、支庁長になって半年もたってないんだぞ！　俺が引き受けたら支庁管内の人たちを馬鹿にしたことになる。その話は無理だよ」と断りました。しかし、栗山町の農商工団体や労働組合から強い要請があり、知事も出馬を了解してくれたので、人生の最後をふるさと栗山のために尽くそうと決意しました。

出馬に際して、商工会議所や農協などの後援者から「栗山は豊かな町だから借金の心配はない」と言われていました。ところが町長になってみると、膨大な借金があったのです。「皆さんの協力が必要です！」と訴え、町長の給料20％カット、職員の給料5％カット、職員数削減、町長専用車の廃止、団体助成金削減、議員定数削減など思い切った改革を矢継ぎ早に進めました。支援者からは「これじゃ町民の評判を落とすのは当たり前」と言われたものです。

落選後のことですが、友人に「町民の冠婚葬祭に顔を出さないのが悪かった」と指摘されました。当時の私は、そんな時間があるならその分仕事をしたいと考えていましたが、そんなところも支持を減らす一因だったのかもしれません。

栗山は私の故郷です。愛着も人一倍あります。「日本一の栗山町」をつくりたいという大きな夢に向け、経費削減以外にもいろいろなことに取り組みました。例えば2期目には「行政がお金を稼ぐ」という大きな意識改革を行って、町立北海道介護福祉学校の施設を利用した介護福祉の研修会を開催して収益を上げるなど、痛みの少ない財政再建に努力しました。産業面でも農業経営の法人化を進めたり、町内で利用できる商品券を発行したりして振興を図りました。ごみの分別収集を始め、地域通貨を導入。サッカーワールドカップのメキシコ代表チームの合宿誘致にも力を注ぎました。いずれも町役場の仲間たちや町の人たちが懸命に取り組んでくれました。

悔しさをバネに

町長として町の改革に努力してきましたが、2期目が終わると、道庁から私を引っ張ってきた当の農商工団体や労働組合が「出て行け」と言い出しました。

「そんな身勝手が許されてたまるか！」。私の怒りと悔しさは尋常ではありませんでした。選挙は生臭くドロドロしていると分かっています。それでも私と妻の洽子《きょうこ》にとっては、今思い出してもはらわたが煮えくりかえるようなことがありました。

春先、しばらく戻っていなかった江別市内の自宅が気になり、行ってみると驚きました。天井から青空が見えるではありませんか！　居間の床はびしょぬれです。妻は号泣しました。家を長く空けていたので、解けた屋根の雪を流すパイプが凍って詰まり、水たまりが屋根を突き破ったのです。子どもたちとの思い出でいっぱいの懐かしい家が無残な姿になってしまいました。それなのに「町長は札幌に1億円の家を建てた」といううわさを立てられたりしたのです。「何が1億だ！　俺はこれだけ損してるのに、冗談じゃないよ。チクショー！」。憤まんやるかたない思いでした。

私には町長として8年間全力で働いたプライドがあります。落選したからといって、この先、下を向いて生きるつもりなんてありません。そんなことをしたら、真剣に頑張った町長時代を否定することになってしまいます。そんな人生、認めてたまるか！　です。「私はそんなヤワな町長ではない」と、追い出した人たちを見返したい。それには、この挫折以上に大きなことに挑戦し、やり遂げなければならないと思い至ったのです。

私は高校時代、アルベルト・シュバイツァー博士に強い影響を受けました。博士は世界的に有名なパイプオルガン奏者・哲学者でありながら、名声を捨て、西アフリカ・ガボン共和国のランバレネで医療活動に従事し、聖人とたたえられました。アフリカの人々のために一生をささげた博士に感動した私は「開発途上国へ行き、現地の人のために役立ちたい」という夢を持ちました。

「青春の夢に忠実であれ」

ドイツの詩人シラーはそう言っています。

大きな挫折を経験した私は「この夢を実現しなければ死ぬに死ねず」という気持ちになりました。もし3期目も当選していたら、これほど強い気持ちになったかどうか分かりません。後にバヌアツ行きを決めたとき、妻には「お父さんが決心したのは、落選して不完全燃焼だったからでしょ。いいチャンスをもらったのでは？」と言われました。確かに、落選したことで「この悔しさをバネに、1歩でも、2歩でも前進してやる」という強い覚悟ができました。嵐が来ようとも、きっと新しい世界を見ることができると信じて荒海に乗り出したいと思ったのです。

夢への手がかり

アメリカ航空宇宙局（ＮＡＳＡ）の門に刻まれているこんな言葉をご存じでしょうか？

Dream can do, Reality can do（思い描くことができれば、それは現実にできる）

夢を正夢にするのにはどうすればよいのか。

私には手がかりがありました。20代のころ、友人が国際協力機構（ＪＩＣＡ）の青年海外協力隊員として北アフリカのモロッコで測量技術を教えながら子どもたちに空手を指導していました。その話を思い出したのです。胸が躍りました。

しかし、65歳だと協力隊員は無理です。そこで、知人であり、トンガでカボチャ生産を指導して大きな成果を上げた、近畿大学資源再生研究所（恵庭）＝当時＝の田中尚道教授に海外で働く方法を相談したところ、ＪＩＣＡ札幌事務所の所長を紹介してくれました。すると所長は「65歳でもＪＩＣＡのボランティアができます。今年の秋に募集があるから試験を受けてみては？」と勧めてくれたのです。

これで方針は決まりました。あとは前進あるのみです。

ＪＩＣＡは日本政府の組織で、開発途上国へ毎年約1兆円の開発援助をしています。海外に約90カ所の拠点を持ち、世界１００カ国以上で、資金協力、技術協力、ボランティアの三つのプロジェクトを進めています。

「資金協力」は港湾や道路といった社会基盤を整備したり、病院を新設・改修したりするために資金の無償提供や低利融資を行うなど、金銭面で開発途上国を支援します。「技術協力」は専門家を派遣したり、必要な機材を供与したり、現地の人材を研修員として日本に招いたりして、知識や技術の啓発・普及を進めます。「ボランティア」は希望者を派遣し、現地の人々と暮らしながら、現地が抱える課題の解決に取り組みます。当時は国際支援の志がある40歳以上の人を開発途上国へと派遣する「シニアボランティア」事業も行われていました（19年現在、派遣区分など事業内容が一部変更されています）。

私は道庁時代、20年にわたって、まちづくりの指針となる都市計画の作成にかかわってきたので、自らの知識や経験が生かせる国に行きたいと思っていました。当時、都市計画の専門家の派遣を要請していた国の一つがバヌアツでした。南太平洋の島国で、オーストラリアの東、ニュージーランドの北に位置します。日本からは約６４００キロ離れています。ちなみにハワイは日本から６２００キロほどで、ほぼ同じ距離です。

私は大学時代、南太平洋のタヒチが舞台の映画「チコと鮫《さめ》」を見て、かの地のとりこになって

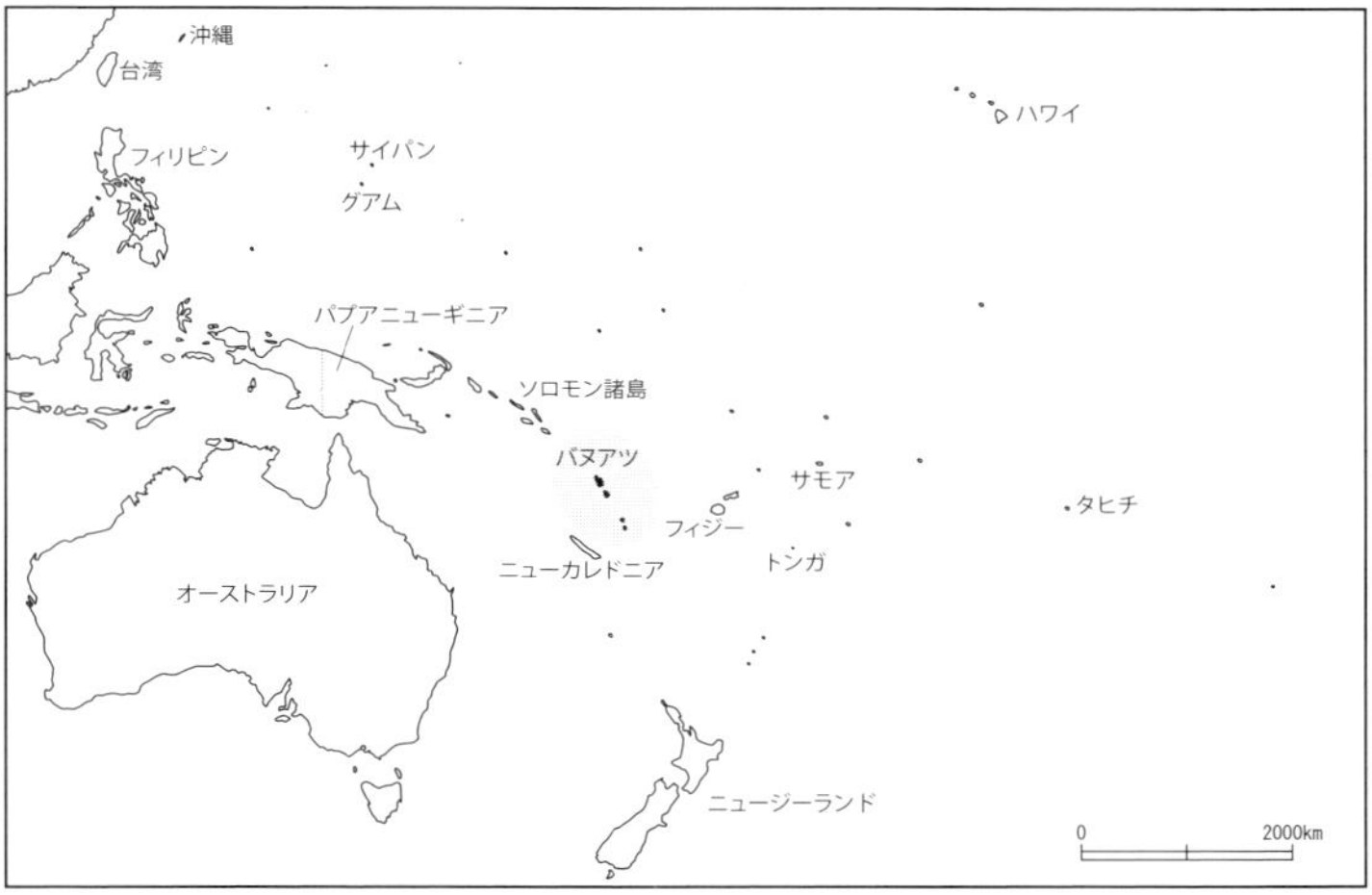

バヌアツを取り巻く国と地域

しまいました。タヒチで暮らす少年と、少年が助けたサメとの友情や別れ、再会を描いた童話のようなストーリーの映画です。そんな経緯があったので、希望する派遣先としてバヌアツを選びました。小さな国なので活動が直に見えることにも魅力がありました。

シニアボランティアになるには試験があります。科目は面接と英語（TOEIC）、それに健康状態のチェックです。バヌアツ政府は英会話のレベルとして「都市計画の指導に差し支えない能力」を求めていました。学生時代、英語は得意科目でしたが、会話は自信がなく、バヌアツ政府が求めるレベルは厳しいものでした。試験のある12月まで約半年間、NHKのラジオ講座を聴いたり、札幌の英会話学校へ通ったりして毎日10時間に及ぶ英語漬けの日々を送りました。自分でいうのはおかしいですが、65歳でよく頑張ったと思います。

初めてバヌアツへ

英語を特訓していたころ、栗山のメロン農家で、町長のときに農業について助言してくれた日原和夫さんに、JICAボランティアに応募することを話しました。すると「私の先輩の浅利弘さんが力になってくれるだろうから、一緒に行かないかい？」と誘われました。日原、浅利両氏とも行動力のある実業家です。

浅利さんは私の計画に賛成してくれ、「まずは自分の目でバヌアツがどんなところか確かめなければ」とアドバイスしてくれました。しかし、つい最近選挙があったばかりで資金的に難しい話です。そんな私の懐事情を察したのか、浅利さんは「私も興味があるので3人で行こう」と誘ってくれ、旅費まで出してくれたのです。

バヌアツ共和国の概要

人口	276,000人（2017年　世界銀行）
首都	ポートビラ
首都人口	50,000人（2017年）
公用語	ビスラマ語、英語、仏語
国土面積	12,190平方キロ（ほぼ新潟県並み）
通貨	バツ （１バツ＝約１円　2018年４月現在）
GDP （1人当たり）	バヌアツ　3,159米ドル（2017年　IMF） 日本　38,348米ドル（2017年　内閣府）
民族	メラネシア系（93%）、その他中国系、ベトナム系、英仏人が居住

早速、バヌアツへ向かいました。日本からは飛行機で15時間もかかります。ほぼ同じ距離のハワイは8時間なのに不便です。長距離を飛べる大型ジェット機が着陸できる国際空港がなく、乗り換える必要があるからです。首都ポートビラに着き、日本人が経営するメラネシアンホテルに1週間ほど滞在しました。

紺碧《こんぺき》の海、水平線に広がる青い空。初めて見るバヌアツの景色は、自然にあふれています。南緯12度から20度に位置するこの国は、南北1200キロにわたる83の島々で構成されています。この緯度は、北半球ならフィリピンに相当します。バヌアツの気候がほぼ想像できるでしょう。

南北に長く伸びた列島なので、北端のトルバ州が熱帯雨林に覆われて年中高温多湿なのに、南端のタフェア州では冬になると上着が欠かせません。海に囲まれているので貿易風の影響により気温差が少なく、ポートビラの気温は一年を通して20〜33度に収まっています。日本の四季は変化に富んでいますが、バヌアツは乾季（冬5〜10月）と雨季（夏11〜4月）だけで、明瞭な四季の変化はありません。

1週間の滞在で何より驚いたのは、バヌアツの人々の平和で善良な生活です。刑務所には数人の犯罪者しかおらず、殺人事件もありません。人口は約27万人。資源に乏しく、産業といえば観光しかない貧しい国ですが、ここで働きたいという気持ちがむくむくと高まってきました。

旅立ち

私がバヌアツへ行こうとしていると、どこから聞いたのでしょうか。栗山の有志150人ほどが「コータローの壮行会」を開いてくれました。

「食事は十分注意するんだよ！」

「体には気をつけて！」

「栗山から応援しているから頑張って！」

と、口々に声をかけられ、まるでバヌアツ行きが決まったようでした。皆さんには本当に感謝ですが、今さら「試験があるので、まだ派遣が決まったわけじゃない」とは言えません。「JICAの試験は難しくない」と思っていましたが、その後、約5倍の競争率と聞き、不安が募りました。壮行会の手前、失敗は絶対許されません。

ついに試験の日を迎えました。一途に勉強を重ねてきましたが、英語はヒアリングが難しく、よい成績が取れなかったと思います。面接ではバヌアツへ下見に行った経験をPRしました。

「首都の中心で交通渋滞が起きている。下水道の未整備でトイレが水洗化されていなかったり、海水が汚濁したりするなど都市問題が見られる」と現状を説明し、「私は交通の専門家なので特に都心の交通渋滞の解決に貢献したい」と訴えました。熱意が伝わったのではないかと思います。

試験結果は「合格」。ほっとしましたが、JICAからの文書には、バヌアツ政府からの「要請条件の語学レベルに達していないので、研修または自己研さんで要請レベルに達すること」との条件が付記されていました。やれやれ、勉強はまだ終わらないようです。

派遣を前に、07年の2月から東京のJICA施設で5週間にわたり、国際協力の必要性やボランティアの心構えを教えられました。待遇面では、生活費（食事と住居）や日本〜バヌアツ間の旅費が支給され、健康診断のための一時帰国制度があるなど、十分配慮されているようです。現地にはJICA事務所があり、ほとんどの問題は解決できます。研修を受けながら、バヌアツで働く実感がわいてきました。

07年3月26日、いよいよ旅立つ日です。早朝にもかかわらず、新千歳空港に集まってくれた30人ほどの栗山の有志に別れを告げて羽田へ。その日の午後7時には成田空港を離陸し、フィジー経由で現地時間の27日午前9時に到着です。タラップを降りると肌をじりじりと焼かれるような日差しが襲ってきました。ここから私のボランティア生活が始まるのです。

2 2年間の第一歩

バヌアツ言葉事情

バヌアツの初日は雷鳴とスコールでたたき起こされました。早速南国にいると実感します。私の住まいはポートビラのメラネシアンホテル。炊事道具、冷蔵庫、レンジ、テレビ、電話、シャワー室まで整っています。2年間、ここで自炊生活をするのです。

今日から約1カ月、一緒に派遣された青年海外協力隊員2人、シニアボランティア1人とともにバヌアツにあるＪＩＣＡの事務所で研修です。言葉の先生は女性のハナさん。名前だけ聞くと日本人と勘違いしますが、生粋のバヌアツ人で、はだしで授業をするので驚きました。

私たちボランティアはまず、現地で一般的に使われている言葉「ビスラマ語」を覚えなくてはなりません。ビスラマ語は１８００年ごろ、スペイン、イギリス、フランスなど外国人が来島して初めてつくられた言葉です。それ以前は、１００ほどある地方言語がそれぞれの部族で話されていました。ビスラマ語の文法はバヌアツ、フィジーやソロモンなどメラネシア各地域で使われている言語と共通で、単語は英語が90％、フランス語と現地語がそれぞれ5％となっています。

自然発生的に出来上がった言葉ではなく、人工的につくられた言葉です。英語の変形であり、覚えるのは簡単とのことですが、聞いていると英語とは全然違います。

バヌアツの公用語は、このビスラマ語と英語、フランス語です。日常生活では英語、フランス語も通用しますが、普通の会話はビスラマ語だけです。国会でも議論はビスラマ語でなされます。

義務教育は6歳から12歳まで。学校は英語系とフランス語系があり、学校内ではそれぞれの言葉しか話せません。ハナ先生によると、学校でビスラマ語を話すと罰せられるそうで「そんな国は世界広しといえど、バヌアツしかないのでは」とのことでした。

100ほどもある地方言語もいまだ使われています。研修ではバヌアツ北東部、マレクラ島のマエ村でホームステイしますが、人口200人のこの村だけで一つの言葉を持っているのです。

電気も水道もない!

マレクラ島でのホームステイは4泊5日の日程です。午前7時にポートビラを離陸し、エスプリトサント島(サント島)のルーガンビルで乗り換え、マレクラ島のノルサップ空港に午前9時ごろ到着しました。飛行機は19人乗りのプロペラ機です。空港からはタクシー、といってもほろをかけたトラックで島の公共広場へ。この地では涼しくて乗り心地がいいのでしょう。

大家族が集うパウロ一家の居間

小学校と教会のある広場でホームステイする家族を待っていると、周りの人たちが物珍しげに集まってきます。ビスラマ語研修中の私は、誰とでも、あたりかまわず話しまくりました。私の自慢は剣道を30年以上続けていることなので「剣道は柔道や空手よりも日本的で、侍が必ず身に付けなければならない刀術である」と説明すると、一様に敬意を示してくれました。私のビスラマ語は初歩的で説明は不十分でしたが、木刀を持っていたので分かってくれたようです。

ホームステイ先のパウロ一家は16人の大家族で、密林に10軒ばかりの簡素な小屋を建て、身を寄せ合って暮らしています。広場から家までは、歩いてできた道がジャングルの中を縫うようにあるだけで、車は途中までしか行けません。

一家の構成はパウロと妻のジェニー、ジェニーの母と妹、パウロ夫妻の5人の子ども、長男の子ども3人と妻のフロリーナ、フロリーナの妹と弟、次男の妻エルカです。共同で働き、生活しているので、家族の絆は強く見えました。フロリーナとエルカは別の村の出身なので、最初は言葉のトラブルがあったのではないでしょうか。

ホームステイ中、私は日記のようなメモをつけていました。その中身を紹介します。

・昨夜7時ごろ眠る。3〜4回ニワトリがジャングルの真っ暗闇の静寂を引き裂くように鳴き、その声で何度も目を覚ます。不気味なぐらい真っ暗で静かである。

・電気がない生活、想像できない。本は読めない。テレビはない。冷蔵庫はない。パソコンも駄目。現代文明の中心は電気なり。

・夜は闇で、周りはジャングル、恐ろしいぐらい静かで、鳥の声だけ聞こえる。

・ランプがなければ、闇また闇である。

・水はあるけど雨水。水道でないから必要なだけしか水は使えない。飲み水もシャワーも困難。

・今は雨季、毎日毎日、雨また雨。体中汗でじっとり、着る物全てじっとり、寝床もじっとり。シャワーを浴びたい、洗濯物も雨水のせいか臭い、早く洗いたい。マラリア蚊のいないトイレへ行きたい。

わがことながら文明生活に慣れた現代人が、人間が本来持つ生物的な強さを失っていることに驚かされます。バヌアツでは8割の人々がこんな生活をしているそうです。研修で一番有益な経験となりました。

内務省にあいさつ

首都ポートビラは港町で坂道が多く、湾のヨット泊地には世界各国から立ち寄ったヨットが船体を休めています。大多数のバヌアツ人と少数のイギリス、フランス、オーストラリア、中国などの人々が住む異国情緒豊かな都市です。バヌアツ人の多くはフレンドリーで、初対面の私にニコニコとほほ笑み「ハロー、ハロー」と声をかけてくれます。

私はこれから2年間、ボランティアとしてバヌアツ内務省の都市計画課でアドバイザーを務めます。都市の土地利用や交通計画の立案が主な仕事です。

研修期間中に内務省へあいさつに行きました。庁舎は都心の海岸線から歩いておよそ10分の高台にあります。息を切らせて坂を上っていくと、はるか遠くに庁舎が見えてきます。バヌアツはイギリスとフランスに共同統治されていた歴史があり、庁舎はかつてイギリスが政庁として使っていました。建てられて半世紀以上が経過した高床式の建物で、低い位置から高い位置にある建

内務省の庁舎

物を見ると実際より大きく見えるという都市計画的な配慮がなされているようです。イギリスの当時の栄光を表現しているのでしょうか。庁舎の前には独立記念公園があります。

都市計画課では、地方行政局次長と都市計画課長が待っていました。次長のアラーさんは小柄な女性でポートビラから遠く離れたペンテコスト島の出身。ポートビラの南太平洋大学を卒業して入省しました。機転がきく行動力のある方のようです。「都市計画の専門家を受け入れるのは初めてです。よろしくお願いしますね」と笑顔であいさつしてくれました。

都市計画課長のジェリーは42歳の大柄な男性です。このときは特に会話はなかったのですが、ともに仕事をするうちに、明るく気さくな人物だと分かってきました。ポートビラのあるエファテ本島の北端に位置するヌーナ島の、とある村の長（チーフ）の一族で、いずれチーフになる人物として皆から尊敬されています。フィジーの南太平洋大学を卒業し、エファテ本島など幾つかの島を管轄するシェファ州で10年にわたって都市計画を担当していました。私のアシスタントを務めてくれる心強い仲間です。

同行したJICAのスタッフが私を紹介しました。「川口は66歳ですが、見ての通り元気そのもので病気の心配はありません。日本北端の島・北海道の自治体職員としておよそ20年間で92市町村の都市計画を指導してきました。33歳のとき、フランス政府給費留学生としてフランスで先進的な都市計画も学んでいます。内務省の要望に十分応えられるでしょう。付け加えると、彼は北海道のある町の首長として8年間活躍していたので地方行政にも詳しいです」

日本政府が選んで派遣したボランティアということで、内務省は私を実際より高く評価してくれたようです。日本の技術は世界的に優秀という先入観もあるのでしょう。都市計画分野で外国人のボランティアを受け入れるのは初めてだったようで、期待感も大きかったと思います。私としても、バヌアツは小国なので自分の一挙手一投足が成果に結びつくのを見ることができ、やりがいがありそうだと思いました。

世界で一番幸せな国

さて、私の仕事について語る前に、バヌアツという国を簡単に紹介しましょう。

皆さんは『天国にいちばん近い島』という作品をご存じですか。作家の森村桂さんが20代のとき訪れた島「ニューカレドニア」を舞台に書いた旅行記です。それ以来、ニューカレドニアは日本の若い女性に人気のスポットとなりました。

ニューカレドニアは、日本からずっと南下して少し東へ寄った、ちょうどニュージーランドの北あたりにあります。そしてバヌアツはニューカレドニアの少し赤道寄りにあります。これでバヌアツがどういう国か、おおよそ想像できるのではないでしょうか。川底の大きな洞窟から、大量の湧水が青い色の流れとなって南太平洋につながる「ブルーホール」のような美しい光景もそこかしこで見られます。

バヌアツは「世界で一番幸せな国」と言われています。２００６年、イギリスのあるシンクタンクが独自に算出した「幸せ地球指標（ＨＰＩ）」で、１７８カ国中1位となったのです。ちなみに日本は95位、アメリカは１５０位です。日本やアメリカが上位を占めると思っていましたが、実際は違っていました。

ＨＰＩは各国の世論調査に基づく「暮らしの満足度」や「平均寿命」をプラス要因とし、炭酸ガスの排出量をマイナス要因として算出されます。例えばアメリカとドイツは満足度や平均寿命がほぼ同じですが、「環境の負荷」が少ないとされたドイツは81位で、アメリカを上回っています（06年調査）。

バヌアツの街には物乞いがいません。さらに地方へ行くとシャツ1枚で過ごせるし、食べ物は森で採取できます。自給自足で、働かなくても生きていけるエデンの園のようです。

1位になったことでバヌアツは世界に知られるようになりましたが、それを喜ばないバヌアツ人もいます。観光客が増えれば自然が破壊され、伝統的生活や素朴さも失われるのではないかと心配しているのです。

驚くことにバヌアツには軍隊がなく、警察がその代わりをしています。軍隊の必要性は皆無ではないのでしょうが、暮らしてみると必要とは思えないほど平和な国です。

島ごとに人間同士の結びつきが強く、ポートビラでも同じ島出身の人たちが地域ごとにまとまって互いに助け合うコミュニティーをつくっています。ポートビラに出てきて生活に困っても、出身島のコミュニティーに行けば助けてくれるのです。

「国の幸せ度は子どもの顔を見れば分かる」ともいわれます。昔、この国には100万人が住んでいたと考えられていますが、現在はその4分の1程度なので十分食べていける自然があります。大きな災害でも起きない限り、子どもたちが飢える心配はありません。

元気なバヌアツの子どもたち

バヌアツにやってきた友人と、リゾート施設のあるポートビラ郊外のエラコール島に渡ったときのこと。海岸沿いを歩いていると、8歳から12歳の子どもたち5人がヤシの実を採っていました。

「おじさん、1個1バツ（07年当時1バツは1円）で買ってくれない？」

「買ってもいいけど、皮をむけないでしょ？」

するとリーダー格の少年が歯でバリバリとヤシの実の皮をむしり、上の方に穴を開けて飲めるようにしてくれたのです。びっくりしました。

どうやってこの島へ渡ってきたのかと辺りを見回すと、どこかで拾ったのであろう発泡スチロールで作ったいかだがありました。これで海を渡るのは怖くなかったのでしょうか。

やがて年上の少年が、小さな子どもを安全ないかだの中央に乗せ、木片を艪《ろ》にして対岸に向かい始めました。まるで『トム・ソーヤの冒険』を見ているようです。自分たちもいかだに乗っているようでわくわくしました。

300メートルほど先の対岸に到着したのを見届けた私たちは、再び海岸沿いを歩きました。日本の子どもたちの顔が思い浮かび、バヌアツの子どもたちとどちらが幸せなのかと考えさせられました。

バヌアツは、人々が互いに助け合い、子どもが生き生きと暮らせる「世界で一番幸せな国」です。一度訪れると、その魅力のとりこになってしまうといわれますが、それもうなずける話でしょう。

バヌアツ小史

現存する唯一の包括的なバヌアツの歴史書として広く読まれている『二石一鳥』(バヌアツ文化センター刊)を参考に、この国の歴史を簡単におさらいしておきましょう。

バヌアツに白人がやってきたのは18世紀後半。フランスの探検家ブーゲンビル、次いでイギリスの探検家クックが上陸しました。当時、英仏両国はバヌアツを領有せず、交易やキリスト教の布教に努めていたのです。ところが20世紀に入り、ドイツがこの地域への進出を画策したのに対抗し、英仏両国は1906年、共同統治に合意しました。これは英仏それぞれが勝手に統治するというもので、法律も整備されておらず、統治された経験のなかったバヌアツ人にとっては理解できないものでした。警察や小学校も英仏2系統があり「フランスの刑務所は夕食にワインが出るので、捕まるならフランス警察の方がよい」という冗談めいた話もあったほどです。

共同統治に従っていたバヌアツ人たちの意識を変えたのは、第二次世界大戦でした。連合国はバヌアツに基地を置き、多いときで10万人の兵士が駐留していました。バヌアツの人々は、自分たちと肌の色の似た米軍の黒人が、高度な技術任務を果たし、白人と対等に活躍している姿を見て感銘を受け「アメリカの黒人にできることは自分たちにもできる」と独立への思いを強くしていったのです。

独立運動の発端は土地問題でした。プランテーション経営者や大会社は広大な土地の所有権を登記していましたが、開発にはほとんど着手していませんでした。一方、バヌアツ人は白人による土地登記には気づかず、先祖代々の伝統に基づき、ジャングルは自分たちの土地だと思っていました。そのジャングルが切り開かれ、フェンスが張られたとき、彼らの怒りが高まりました。やがて白人が村人たちを法的手続きによって村から立ち退かせようとしたとき、ついに抗争へと発展したのです。

60年代にはサント島のブルクという偉大なリーダーとその支持者が共同統治政府との交渉を拒

否し、土地の一部を先住民の村々に返還するよう要求しました。さらに70年には国連に嘆願書を提出し、バヌアツの独立を求めたのです。

ビスラマ語が広まって孤立していた島々の人たちの意思疎通が容易になったこと、アメリカの黒人が白人と対等に働く姿を見てバヌアツ人が自信を持ったこと、バヌアツ人のための行政を進めるには英仏の統治から脱しなくてはという考えがバヌアツ人に広がったことなどが独立運動の大きなきっかけとなりました。そして数々の困難を乗り越え、80年、ついに独立を成し遂げました。「バヌアツ人の、バヌアツ人による、バヌアツ人のためのバヌアツ」が建設されたのです。バヌアツは「われわれの土地」という意味です。独立にかけた人々の熱い思いがうかがえます。

共和制

現在のバヌアツは共和制の国家です。元首は大統領ですが、儀礼的・象徴的な役職です。議会から選出された首相と内閣が行政を行う議院内閣制で、絶対多数を占める政党はなく、少数政党が乱立して連立内閣となるため政権は不安定です。内閣は1年前後で崩壊することが珍しくありません。政府は地方分権を推進しており、バヌアツを構成する六つの州には自治権が認められていますが、州の財政基盤は弱く、独立行政は名目的なものにとどまっています。

バヌアツの選挙は、JICAの事務所から「（選挙の集会は）危険だから近寄らないように」と注意を受けるほど熱を帯びます。私の派遣期間中にあった国会議員の選挙は300人以上が立候補する激戦で、私が働く内務省の事務次官も出馬しましたが、落選しました。

驚いたのは選挙結果が出るまで時間がかかること。投票日翌日の新聞を見ても、はっきりした情報がありません。聞くと、全国から投票箱がポートビラの内務省選挙管理事務所に集められ、たった3人の委員で開票するのだそうです。また、バヌアツから海外へ出稼ぎに行っている人が多数います。その人たちは外国で投票しますが、投票箱がポートビラに返送されて開票されるまでは公式発表にはならないので、発表まで2～3週間もかかってしまうのです。

さて、次章からは仕事の話に戻ります。

3　ボランティアの仕事

私の職場

着任早々、私たちシニアボランティアへの期待を実感する事件が起きました。私の机をどこに配置するかでちょっとしたもめ事があったのです。発端はアラー次長が私に「ジェリーの席に座れ」と言ったことでした。ジェリーは課長です。都市計画に関する許認可業務を担当し、決定権もある重要なポストで、大きな机も配置されています。ところが私に席を譲り、狭い脇机を使わなければならなくなったので不満顔です。許認可で訪れる人はジェリーの所へ行くのですが、大きな机に陣取る私の前を不思議そうな顔をして通り過ぎていきます。どうも落ち着かないのでジェリーに元の席に戻ってもらい、隣の使ってない部屋を片付けて私が移動することにしました。

私の職場である内務省地方行政局は職員30人、予算は年2～3億円です。バヌアツが人口27万人の小国とはいえ少なすぎます。ほとんど人件費と地方行政局の事務経費で消えてしまうのです。公用車の賃貸料を払えないため、全ての公用車が引き揚げられるなどは日常茶飯事です。

地方行政局はバヌアツ全6州の地方分権の推進と、ポートビラを含む主要2都市に関する都市計画の指導・助言を行っています。私の担当は後者ということになっていましたが、具体的に何をさせればいいのか、地方行政局もよく考えていなかったようで、当面は土地の開発行為の許認可と現場の確認を担当させられました。

最初の仕事は、ある農家が住宅新築のために申請した開発行為を許可すべきかどうか審査することでした。申請内容を見ると住宅から幹線道路までをつなぐ約50メートルの私道が切り立った崖の上を通っています。スコールや地震で崖が崩れると道路が破壊されて危険なので、道路を崖から離すべきだと意見を付けました。ただ、ジェリーに聞くと、こうした意見を守らなくても罰則などは特にないそうです。日本なら行政側から注意を受け、意見を守るよう指導されます。バヌアツは開発行為の面でも発展途上のようでした。

こうした仕事は切れ目なくありましたが、都市計画アドバイザーとしての本来の仕事は一向に定まりません。どうやらバヌアツでは都市計画という考え方がまだ普及していないので、私に何をさせたらいいのか分かっていないようでした。はるばる日本から派遣されてきたのに肩透かしを食らったような感じでしたが、先輩のシニアボランティアに聞くと「そんなものだよ。自分でやるべきことを決めて動かないとだめなんだ」とアドバイスされました。そこで、ポートビラ市の抱える課題を見つけ、その解決に当たりたいと内務省に提案し、了解を得ることにしました。これは後述する「レインボープラン」へと結実したのです。

ジョー・ウエル内務大臣（中央）＝当時＝と私

ボランティアを始めた当時、内務省のボスはジョー・ウエル大臣でした。気さくな人柄で、私もビスラマ語で話すことができました。元プロボクサーで、フランスの志願兵として5年間アフリカで兵役に就いていたそうです。年齢は50代初めでしょうか。見るからに精かんな顔つきで、たくましい体をしています。

初対面の際「私は日本の武道、剣道の五段だ」と言うと、大臣は「オオー」と驚き、顔をほころばせて握手を求めてきました。私に好感をもってくれたようです。「内務省は、警察を所管しており楽しい」とも話していました。軍隊を持たないバヌアツでは、警察は軍隊の役割も担っているようで、ときには銃器で武装します。大臣の若いころの経歴から察するに、警察を所管することにやりがいを感じていたのでしょう。

しかし間もなく、内閣解散で大臣は辞職することになりました。送別会の席上、私は「残念です。大臣は若く力があります。次回お会いするときは、また大臣で戻ってきてほしい」と言ってしまいました。大変おこがましかったと反省しましたが、遠く日本から来た老人の好意がうれしかったのか、口ひげを生やした威厳のある顔が崩れ、にこっと笑い、握手をしてくれました。

翌日、出勤すると、今まで働いていた秘書官、運転手、受付の女性らがいなくなり、全員新しい顔ぶれに変わっていました。その徹底ぶりに驚かされました。

ビスラマ語とパソコン

青年海外協力隊員は一般住民とともに生活するのが原則なので、ビスラマ語は絶対必要です。一方、シニアボランティアは、仕事では英語が一般的なのでビスラマ語を話す人は多くありません。しかし、私の専門分野である都市計画は会議が多く、出席者全員がビスラマ語で議論するので、どうしても覚えなければなりません。

私の勉強法はホテルの喫茶室でコーヒーを飲みながら、ウエートレスのベリンダを相手に話すことです。30代前半の彼女は男の子1人を育てていますが、現在ポートビラから遠い島に住んでいる夫は金銭的な援助をしてくれないようです。「彼は無責任だよ！」などとおしゃべりしなが

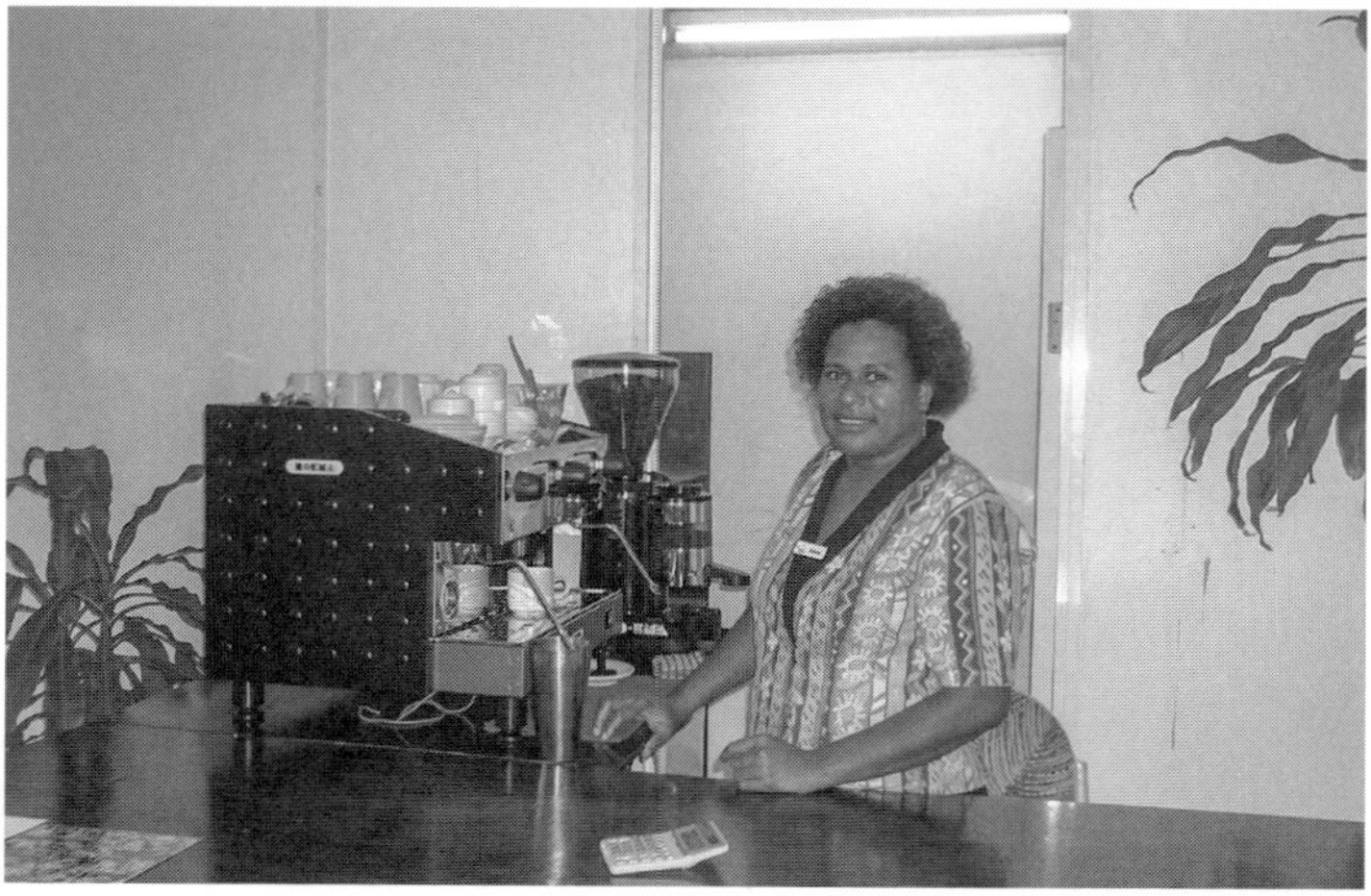

ビスラマ語の「先生」になってくれたベリンダ

ら、ベリンダの助けを借りてビスラマ語を勉強していました。

また、バヌアツ政府の国民向け広報誌に書かれている内容を職場の行き帰りに歩きながら丸暗記します。政府の方針も分かり一石二鳥です。

さらに、どんな場面でも相手が理解するまでビスラマ語で話し続けることを心がけました。友人に会うため郊外のホテルに行ったときのこと。内務省で運転手を務めるロチャーとホテルの従業員が私の方を見て何か話しています。どうやらビスラマ語を話す日本人のシニアボランティアがいると聞いていた従業員が、たまたま私を見かけ「彼のことか?」とロチャーに確認したようです。ロチャーは「ああ、そうだよ。彼は、ビスラマ語を真剣に勉強しているから、すぐ上手になるよ」と答えたそうです。日常的にビスラマ語を話すとバヌアツの人たちが親しみを持ってくれるので、より良い人間関係を築けます。学んでよかった！

大変だったのは言葉だけではありません。私はパソコンが苦手でした。例えば電子メールではアドレスにドットを入れ忘れるだけで相手に届きませんが、そんな初歩的なことすら分からなかったくらいです。

今までの職場では補佐してくれる人がいたので、パソコンはその人たちにお願いし、私は別の仕事に力を注げました。しかしバヌアツでは全て自分でしなければなりません。ＪＩＣＡは国際的な組織なので、東京と海外事務所との連絡は電子メールで行い、各種報告書なども全てパソコンを使います。私の周りのシニアボランティアは難なく使いこなしていたので焦りました。何としても人並みに扱えるようにならなくては！

シニアボランティアの中にパソコンの技術指導が専門の人もいたので、さっそく指導をお願いしましたが、教えてくれるどころか「これからのＪＩＣＡの試験にパソコン技術を加えてもらわないとならないね」と言われてしまいました。「そんな言い方があるか！」と腹が立ちましたが、逆に闘志もわきました。「教えてもらう」なんて甘えは許されません。これほど情けないことを言われたのだから、何としても自力で学んで見返してやろうと心に決めたのです。

私はパソコンのマニュアルと毎日格闘しました。親しい仲間２人に助けてもらいながら、最終的には各省庁の幹部や市長の前で、パソコンを使ってプレゼンテーションできるまで進歩しました。悔しい思いをしたおかげでここまでできるようになったのだと、今はパソコンの指導を断った人に感謝しています。

ないないづくし

開発途上国ならではの苦労もあります。日本ではすんなりできることが当地ではできません。私の専門分野の土木でいうと面積を簡単に算出できる「プラニメーター」という器具がありません。あるかないかを尋ねても、そもそもプラニメーターとは何なのか分からないようです。測量器具もないし、特殊な計算に使う対数表もありません。だからといって「仕事ができない」とは言えません。

土地利用計画を立案するには複雑な形をした図形の面積を数多く算出する必要があります。悩んだ末に、文具店で透けている方眼紙を買い、図形をそこに写し、ます目を一つずつ数えて面積を計算することにしました。辛抱のいる仕事です。土地利用計画の対象となっている地域の全面積は既に算出されていたので、苦労して計算した約100カ所の面積を合算し、全面積と照らし合わせたところ、1回で一致しました。やったぞ！

私の親しくしていたシニアボランティアは自動車修理が専門でしたが、彼の教える学校には秤《はかり》がありませんでした。買うお金がないので、実習室にある有り合わせの材料を利用して、てんびん秤を作ったそうです。おもりは1キロ、つまり水1リットルをペットボトルに入れて代用しました。

途上国へ行くと、ないないづくしなので、工夫をしながら仕事をこなさなければなりません。それがつらくもありますが、楽しくもあります。

バヌアツタイム

私の勤める内務省の勤務時間は午前7時半から午後4時半までですが、昼休みが2時間もあります。その気になれば家で昼寝ができるほどです。私は怠け者なのでお昼にたっぷり休む習慣になじんでしまい、帰国後もこの生活リズムが抜けないのではないかと心配になったほどです。

始業時間は午前7時半ですが、全員が集まるのは1時間遅れの8時半ごろ。これが通称「バヌアツタイム」です。出勤はルーズな半面、退勤時間はなかなか正確で、午後4時ごろになると帰宅の準備を始め、4時半ぴったりに帰っていきます。ある時、少し仕事が残ったので退勤が午後5時になってしまいましたが、門は全て閉じられ、帰るのに一苦労しました。

公式行事でもバヌアツタイムを目の当たりにしたことがあります。バヌアツ、パプアニューギニア、ニューカレドニア、フィジー、ソロモン諸島で構成される「メラネシア・スピアヘッド・グループ」の首脳会議で歓迎式典が開催されたときのことです。各国代表が開催時間を守らずバラバラに到着し、そのたびに全員起立、国家吹奏、国旗掲揚がなされるのです。全ての国が集まるのに1時間以上もかかり、それからようやく式典が始まりました。こんなことは日本では考えられませんが、バヌアツではいつものことで、怒る様子もありません。

どうしてバヌアツの人たちは時間を守らないのでしょうか？

マレクラ島のパウロ一家でホームステイしたとき、私はパウロに聞きました。

「どうやって時間を知るの？」

「太陽が昇ると起き、沈むと寝る。それと子供たちが小学校から帰ってくる時間でだいたい何時ごろと分かるぐらいだね」

「何時にどこで会おうと約束するときはどうするの？」

「時計がないからおよその時間で約束するので、1、2時間の遅れはどうしようもないね」

そういう生活に慣れた地方の人が、ポートビラに住む人から「時間を正確に守れ」と言われても、すぐには慣れないことでしょう。

バヌアツには、ポートビラに住み、都市生活をする人がほぼ2割いるといわれています。残りの8割の人たちは地方に住んで電気も水道もなく、伝統文化を大切にしつつ、昔ながらの生活をしています。

ポートビラに住む人たちはどうでしょうか。バヌアツが独立した1980年のポートビラの人口はほぼ1万人でしたが、2013年には5万人で、5倍になっています。私は5万人のうち半分の2万5千人は、ポートビラが首都になったあとで、地方から移り住んだ人たちと見ています。ポートビラ市に住む自分の周りの人たちを見ても、タンナ島やマレクラ島、サント島など地方出身の人たちが多い印象です。

全人口の2割を占める都市生活者も多くは地方出身であることから、バヌアツの人々が伝統文化を大切にするのも分かります。しかし、平然と「バヌアツタイムは伝統だ」と言うのはいかがなものでしょうか。バヌアツが今後世界の中で発展するには、この種の〝伝統〟をしっかり見直して、守るべきは守り、変えるべきは変えることが大切だと思います。

4 南太平洋の楽園

観光

　バヌアツの主要産業は観光です。ハワイやグアムのように観光施設は十分ではありませんが、手つかずの自然が売りです。平和で安全なのもセールスポイントです。「世界で一番幸せな国」と言われてから脚光を浴び、観光客数も大幅に増加。２０１９年にはほぼ10万人に達しています。

　バヌアツ観光といえば、まずは海です。スキューバダイビングをすれば、透明な海を泳ぐ熱帯魚やウミガメ、時にはクジラやイルカを観察できます。つり好きならカジキマグロやサメなどの大物を狙えるトローリングも魅力でしょう。島を巡る小型船でのクルージングも楽しめます。エファテ本島の北にあるエピ島では人魚伝説の元になったジュゴンが見られるかもしれません。南部のタンナ島にあるヤスール火山は世界で一番火口に近づける活火山として知られています。

　ヤスール火山の迫力には圧倒されました。タンナ島の空港からトラックの荷台に乗って火口の手前まで行きます。一面が白っぽい火山灰で覆われた平地の先に、おわんを逆さにしたような台地があり、そこの頂上が火口です。

「火山を見るなら暗い夕方がいいよ」と言われていたので、到着したのは太陽が沈み、周囲が暗くなる時間帯でした。懐中電灯で足元を照らしながら火口へと登り始めると、突然、地面が揺らいで「ドドン」という大きな爆発音！　驚いて空を見上げると、真っ赤な火柱が上がって溶岩が飛び散り、自分たちを襲ってくるようです。崖から火口の底を見ると真っ赤な溶岩がふつふつと沸き立っており、一定の時間ごとに爆発的に噴出します。足がすくみ、思わず後ずさりするほどの光景でした。ワイルドな自然が好きな人にはたまらないでしょう。

残念ながらバヌアツでは、豪華客船や大型航空機を受け入れられる交通インフラの整備は不十分ですが、日本の援助でポートビラの港湾整備が進んでいます。タヒチ、フィジーなど、同じ南太平洋の観光先進地と競争するのなら、リゾート施設のさらなる誘致も急がれます。

伝統文化

バヌアツは開発途上の国ですが、そこに暮らす人々は、今の日本人が忘れている、人のぬくもりと先人の伝統文化を守ろうとしています。

タンナ島で、現代文明に背を向け、昔ながらの生活を守っているヤケル族という部族を取り上げたテレビドキュメンタリーを見ました。リポーターがヤケル族のチーフに問いかけます。「なぜ、多くのバヌアツ人が受け入れている現代文明に背を向けるのですか？」

するとチーフは「白人がもたらした現代文明は魅惑的で、それを一度受け入れると先人の残してくれた伝統文化が破壊されます。だから拒否しているのです」と答えていました。

バヌアツは100年以上にわたって、白人が持ち込んだぜいたくな生活、生産技術、異質な価値観を受け入れてきました。その一方で、自分たちの伝統文化が死に絶えることを恐れ、よみがえらせようとする試みも行われています。

メラネシア・スピアヘッド・グループの事務所がポートビラに建てられ、バヌアツの伝統的な様式にのっとって落成式が開かれました。いけにえとして、グループを構成する五つの国と地域の代わりに神聖な生き物である豚を5頭、太いこん棒で殴り殺すのです。

バヌアツではリーダーたるもの、豚を殴り殺す勇気（？）がなければならないようで、当時のハム・リニ首相自らが民族衣装、すなわち上半身は裸、下半身は腰みのを身に着け、こん棒を振るいました。力余ってこん棒が途中から折れてしまうほどでしたが、新しいこん棒に持ち替えて豚5頭を無事いけにえとしました。

近代的な建物にはふさわしくない気もしましたが、いかに西洋文明がバヌアツに侵入しようとも、先祖が紡いだ伝統に誇りを持ち、継承し、荒々しい勇気をもって実行するリーダーの姿に尊敬の念を禁じえませんでした。

マレクラ島でのカバの儀式。右端の白いひげの男性が元チーフ

伝統文化といえば「カバ」も外せないでしょう。コショウ科の低木であるカバの根を乾かし、すりつぶして水に溶かした飲み物です。一見すると泥水のようで、味も泥くさく、口内にしびれが残り、あまりおいしくはありません。昔は儀式の際に飲まれていたようですが、今ではポートビラ市内にカバを飲ませるバーがあり、私も仲間と雑談しながら飲むようになりました。当時、1杯100円ほどでした。

バヌアツに派遣されてすぐ、マレクラ島でホームステイ先の主人が私のためにカバで歓迎会を開いてくれました。会場は少し坂を上った見晴らしのよい離れで、女人禁制です。中に入るとランプのほの暗い光の下、白いあごひげをたくわえた威厳のある老人が座っています。彼はこの村の元チーフで賓客として招待されたのです。元チーフ、ホームステイ先のパウロと彼の息子、近所の青年たちが集まって会が始まりました。若い人たちがカバを作り、元チーフ、パウロや私たち年長者が飲みます。ちびちびではなく一気に飲み干すのが作法のようです。元チーフの醸し出す厳粛な雰囲気に圧倒されて、話しかけるのもはばかられる中、みな静かに杯を重ねました。

日本の酒は飲めば飲むほど酔って元気になりますが、カバは鎮静作用があり、飲めば飲むほどおとなしくなります。日本のような酒に酔ってのいざこざはなく、みなうつむいて静かに話をするのです。カバを飲むことがバヌアツ人と親しくなるためのコツといえるでしょう。

地方出張

バヌアツのバヌアツたるゆえんは、やはり地方にあります。豊かな自然と素朴なバヌアツ人が暮らし、伝統を守り、お互いに助け合う社会をつくりあげています。

都市計画アドバイザーとしてバヌアツの現状を知るため、国内全6州のうち北部4州へ、アシスタントのジェリーと一緒に出張することになりました。上司のアラー次長は、バヌアツ北東部にあるペナマ州アンバエ島の出身なので「地方はポートビラと違って自然がいっぱいです。バヌアツの良さが残る現地をじっくり見てきてください」と勧めてくれました。

最初の訪問地は6州の最北端に位置するトルバ州の州都ソラですが、州都といっても人口400

人ぐらいの小さな集落です。そこで2泊しました。電気がなく、夕食後は寝る以外にすることがないのですが、私にはその夜が楽しみでした。

椅子を外に持ち出し、闇の中で天空を眺めます。南十字星をはじめ星の一つ一つが大きく、宝石のように輝いていて、あきることがありません。これだけ夜空が美しいのは、多分日本と違って空気がきれいで周りが闇に包まれているからでしょう。

夕方になると海に浮かぶ島影が幻想的でした。夕日に映える青い海、遠くに見えるモタ島、モタラバ島。夕食の準備なのか、煙がたなびき、時を知らせる鐘の音が聞こえてくる――。そんな光景は時の過ぎるのを忘れさせてくれます。

土地利用計画を立てるのが目的の出張でしたが、現地は当時2年連続で洪水に見舞われていて、土木技師の私がその対策に取り組むことになりました。州の担当者とジャングルの中を歩き回ったので至るところを蚊に刺されました。後から知りましたが、この地はマラリアを媒介する蚊の危険地帯。私を刺したのがマラリア蚊でないことを祈るしかありませんでした。

出張の第2の目的地、サント島のルーガンビルを訪れました。ここはサンマ州の州都でバヌアツ第2の都市です。休日に市内をぶらぶら歩いていると、日の丸のついた日本企業の事務所が目に留まりました。看板に「日本援助工事　サラカタダム工事」と書かれていました。まさかバヌアツのこんなへんぴなところで日本企業が仕事をしているとは！　日本経済の発展はこのような

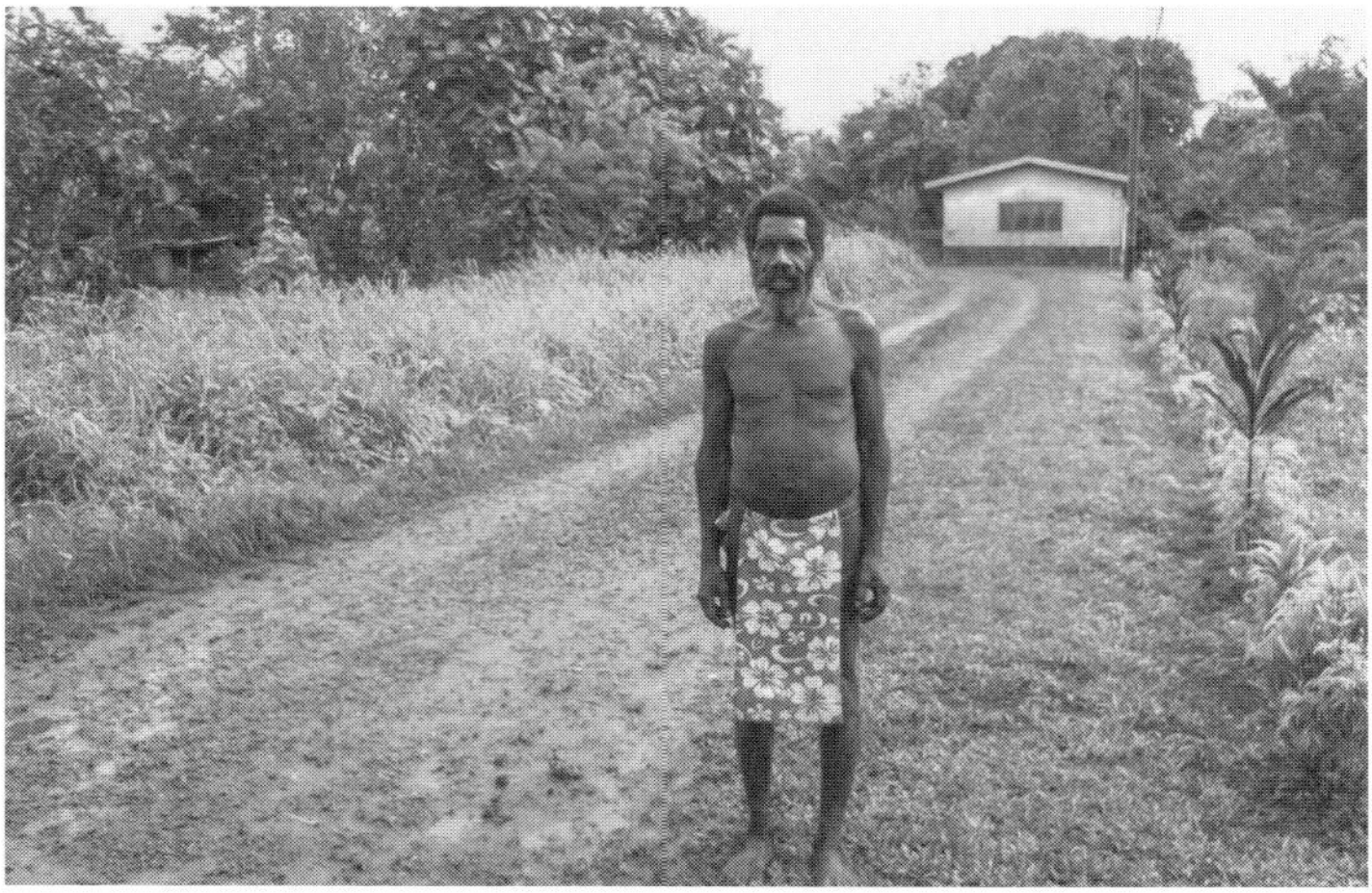

まるで石器時代からやって来たような姿の男性

企業の活躍に支えられているのですね。

その後、市内の住宅地に行ってみました。太陽がギラギラと照りつけ、うだるような暑さです。物音一つ聞こえてきません。すると向こうから、ふんどしに似た布をまとった男が、はだしでこちらに歩いてくるではありませんか！　さながら石器時代からタイムスリップしてきたようです。恐る恐る写真をお願いしたらOKしてくれました。言葉が通じないので身ぶり手ぶりです。

ジェリーに聞くと「山奥から街に出てきた人だろう。自給自足で、現在まで生活環境に大きな変化がなかったので、昔のままの生活をしているのでは」とのこと。バヌアツのほとんどの人は文明生活に慣れ親しんでいますが、昔ながらの伝統や習慣を大切に守っている人もいるのです。

バヌアツでの地方出張には、船や航空機が欠かせません。83の島々に人々が住んでいるので、国として一つにまとまるには交通網がとても大事なのです。海はフェリー、空はプロペラ機により定期航路が開設されています。

私はよく航空機を利用しましたが、地方空港の滑走路はほとんどが草原です。乾季なら問題は起きませんが、雨季になると多量の雨水で路面がぬかるみ、離着陸が難しくなるので人の移動に支障が出ます。離着陸の際はひやひやさせられました。

草原のターミナルは掘っ建て小屋で、体重計があり、自分で測ってから搭乗します。ターミナルには時計がありませんが、国民性でしょうか、天候で数時間あるいは1日遅れても、乗客はさほど怒る様子もありません。1時間も遅れるとイライラする日本人とは全然違うのです。

バンジージャンプ

足首に強力なゴムバンドをつけて、高い所から飛び降りるバンジージャンプ。ニュージーランドが有名ですが、元祖はバヌアツのペンテコスト島で伝統的に行われている収穫祭のランドダイビングです。

どんなものか知りたくて、現地に向かいました。飛行場から少し歩くと小さな丘につきあたり、さらにその丘をあえぎあえぎ登りきると、斜面の上に高さ約17メートルのやぐらが威容を誇って

ペンテコスト島のランドダイビング

立っています。ここでドラマが繰り広げられるのです。

ランドダイビングでは失敗は即、死を意味するので、ダイバーはみな真剣そのものです。観光客として見物することに気が引けた私は「見る」のではなく、神聖な儀式に「参加」させていただく気持ちで臨むことにしました。

やがて、やぐらの周りが騒がしくなってきました。村人が、ダイバーに勇気を与え、集中を促すために、声をかけながら激しく踊ります。異様な雰囲気の中、ダイバーがやぐらを登っていきます。下を見ると恐怖がこみ上げ、ダイバーの心は揺れ動きます。地上の掛け声と踊りは激しくなっていく一方です。ダイバーの心の迷いが手にとるように分かります。そして最後に天を仰ぎ、神に祈るように手を差し伸べて飛び降りるのです。

ダイバーは7人いましたが、少年2人が怖くなって途中でやめました。1人のダイバーは一番高い段から飛び降りたショックで両足にしばりつけたツタのうち片方が切れました。やはり事故はあるのでしょう。しかし、怖気づく人間の弱さと、神に助けを求めて恐怖を克服しようとする強い意志を見て、畏敬の念に打たれました。

首都ポートビラ

自然いっぱいのバヌアツですが、もちろん都市もあります。首都ポートビラは2017年のデータで人口約5万人を数える立派な都市です。バヌアツのほぼ真ん中のエファテ本島に位置し、英仏共同統治の中心として計画的に造られました。

市内にあるバウアーフィールド国際空港は第二次大戦の際、軍用飛行場として建設され、日本軍の最前線基地であるガダルカナルへ向け、爆撃機が早朝から出撃していました。道路などのインフラもこのころ整備されています。

1980年の独立でポートビラは首都となって人々が集中し、国会や中央政府の行政組織が集まる中枢都市へと成長しました。国際空港にはオーストラリア、ニュージーランド、フィジーやニューカレドニアへの国際便が発着し、港には5万トンクラスの観光客船がしばしば訪れるバヌ

内務省の中庭で、ヤギ肉のカレーを食べる職員たち

アツ観光の中心でもあります。国際レベルのリゾートホテルが複数あり、中小のホテルも多数あります。市街地の前面にはヨットハーバーがあって世界各国のヨットが停泊し、世界中の国旗がはためいています。

ちょっと見る限りは近代的都市のポートビラですが、まだまだ地方の原始的生活も息づいています。

内務省の中庭での出来事を紹介しましょう。

都市計画課長のジェリーが「今日、市場で生きたヤギを買ってくるから、昼に食べよう！」と言い出しました。まさかと思っていたら、本当に彼は生きたヤギを買ってきました。「これから料理するから見に来ないか」と誘われ、いやいや行ってみると「殺すところを記念に撮ってくれ」と言うのです。

役所の雑役夫ヤスと運転手ロチャーは、私に最高の写真を撮らせようと、ヤギののどをナイフで切り裂きました。そんな光景は見たくないのですが、仕方ありません。日本の皆さんは残酷と思うでしょうが、彼らにしてみれば日本人が魚の生き造りを食べるより残酷ではないのかもしれません。

ヤスとロチャーはヤギを手際よくさばき、たき火に載せた鍋でぐつぐつと煮て、カレー粉、ニンニク、タマネギなどをどっさり入れて調理しました。本音では遠慮したいところですが「食べろ、食べろ」と勧められると嫌とは言えず、「おいしいか？」と聞かれれば、お世辞でも「おいしい」と答えるしかありません。それが裏目に出て「もっと食べろ、もっと食べろ」と勧められ、おなかいっぱいになるまで食べさせられる羽目になりました。

市民の暮らし

ポートビラの名所といえば都心にある市営マーケットです。市民の台所で、観光スポットでもあります。80メートル四方の大きな屋根で覆われたモダンな建物で、200ほどの店が並んで果物や野菜を安く売っています。人々はここで買い物をし、袋をいっぱいにして重そうに帰っていくのです。

ここは市の中心で、島と島を結ぶフェリーの発着場もあるので、いつも市民や観光客で混雑しています。ポートビラで一番人の集まる所でしょう。マーケットは混んでいるので、日本のお祭

さまざまな野菜や果物が並ぶマーケット

りの夜店を歩くときのように体がぶつかりそうになります。売り子やお客の声、幼児の泣き声が聞こえ、活気に満ちています。

売り子はほとんどが女性で、幼児を連れたお母さん、手伝いのおばあちゃん、それに子どもと、一家総出で商売をしています。ほとんどの店で同じ野菜や果物を売っていますが、季節によって変わります。買い物をして千バツで支払うと、計算のできる娘に「○○ちゃん、チョット来て計算してよ！」といった感じで声をかけています。鼻水をたらした子どもたちは「変なおじいちゃん」とでも言いたげに、大きなひとみでこちらを見ていました。

持ち込んだ全ての商品を売るのに3日くらいかかるのでしょう、店を出している女性や子どもたちは市場のコンクリート床にござを敷いてごろ寝しています。お母さんは忙しくて子どもの世話ができません。赤ちゃんが泣いているのを見ると胸が痛みます。風雨の強いときは雨が入り、寒くて眠れないので、市場の周囲にカーテンを掛けてほしいと市に要望しているそうです。

売り子の女性の一人に「どうしてここで働くの?」とたずねると「子どもの教育費のためです。夫が働いていないので」と話してくれました。学費を聞くと日本円で一人当たり、小学校は月4千円、中学校は月1万8千円かかるといいます。売り子の女性はほとんど地方の人で、普段は自給自足の生活をしているので収入がありません。ここで得たお金で子どもを学校へ通わせているのです。

マーケットにいると、雇用や教育などの問題がうかがえ、バヌアツ社会の縮図を見るようです。

こうした買い物や通勤、移動など、ポートビラの交通の中心となっているのが便利な「バス」です。使われているのは日本ではとうに耐用年数が過ぎた走行距離30万キロ超のワゴン車で、市内をわが物顔で走り回っています。

マイカーが普及していないのでバスは絶対必要な乗り物です。手を挙げればいつ、どこででも止まってくれ、行き先を告げるとそこまで連れていってくれます。タクシーのようで本当に便利です。運賃は、市内なら一律100円なので、サラリーマン世帯の平均月収が約6万円(いずれも07年当時)のバヌアツの人々にとっても妥当な料金といえるでしょう。

5 都市計画「レインボープラン」

基本方針

私は、内務省で都市計画アドバイザーとして、主に宅地開発許可の審査をしていました。デベロッパーから申請のあった宅地開発について、土地利用計画に適合しているか、交通上の支障がないか審査するのです。

ところで都市計画とは何でしょうか？

もし、人々が「自分の土地だから」と勝手に家や工場を建てたらどうなるでしょう？　あとから道路や公園を整備したいと思っても、用地を確保するために立ち退きが必要となるなど膨大な建設費がかかります。もうすでに多くの住宅が建っているところに工場ができたらどうなるでしょう？　騒音や悪臭、有毒な排水などたくさんの問題が起きることでしょう。そうならないように前もって道路や公園などの施設計画や土地の利用計画を作り、建築や土地の利用に制限をかける必要があります。そうしたまちづくりの指針が都市計画です。

仕事を進めていくうちに、渋滞をはじめ、将来的に水と電力が供給不足を来しそうなことなど、ポートビラの抱える問題が明らかになってきました。

アラー次長やジェリーから要請はありませんでしたが、私は一国の首都の都市計画が必要だと考えるようになっていました。そこでアラー次長とジェリーの了解を得て計画作りに着手することにしました。2人からは特に意見はなかったのですが「ポートビラにとっていいことをしてくれている」くらいには思ってくれていたようです。

具体的な都市計画を作るには詳細な現地調査と分析が必要なので、人も時間もかかります。そこで、まずポートビラのまちづくりについて方針を示したマスタープランを作り、バヌアツの人々に計画の重要性を啓発することにしました。

最初に現在のポートビラ市を形作った都市計画は誰によって、いつごろ作られたのかを調べると、1969年に英仏共同統治機構の専門家が作成していました。これは作成者の名をとって通称「ボールリポート」と呼ばれています。

リポートでは、およそ20年後の90年の将来人口を2万3500人と予測し、この人口を収容する小都市の建設が考えられていました。しかし、2007年当時の人口は、リポートの想定をはるかに超える推計3万7200人まで増えていたのです。80年に英仏から独立して以来、ポートビラへの人口集中は著しく、車社会化が大きく進んでいます。このような都市の変化に合わせ、ボールリポートを抜本的に見直すことにしました。

ポートビラは英仏共同統治の中心都市として建設されましたが、独立を経てバヌアツ共和国の首都となりました。そうした経緯を踏まえ、私は、バヌアツ国民が誇れるような首都にすべく、思い切った計画をまとめたいと思いました。さらに市民が安心して暮らせる、津波や地震などの災害に強い街をつくることも大きな目標に掲げました。

苦労の末に見えた課題

見直しの基本方針を定めてマスタープランの作成にかかりましたが、日本では簡単に手に入る人口や自動車台数などの統計資料や図面がポートビラでは手元になく、資料収集から始めざるを得ません。プラニメーターがないため複雑な面積の計算を方眼紙を用いて行わなければならず、データや図面も観光局や国土庁に掛け合って入手するなど、日本では考えられない手間がかかります。おまけに大らかな国民性ゆえか、データの提供をお願いしても、「どうなった？」と催促しないと出てきません。万事のんびりしていて、こちらのペースは通用しないのです。そもそも都市計画についてノウハウを持っている職員がいないため、頼れるのは自分だけです。でも、嘆いても始まりません。「こんなものさ。仕方ない」とぼやきながら、一つ一つ作業を進めていくしかありませんでした。

こうして計画を練っていく過程で、ポートビラの抱える課題がいろいろ見えてきました。ポートビラは首都として、また観光の拠点として、今後も人口増加が見込まれます。しかし増加分を吸収する住宅地が足りません。

観光の面からも改善すべき点があります。内務省によると07年に8万1千人だったバヌアツへの観光客数は、30年には3・1倍の25万1千人に達すると予測されています。この数は世界的な観光地のタヒチに匹敵します（05年のデータ）。これだけの観光客に対応するには大規模リゾートが最低5カ所は必要ですが、07年当時、ポートビラには3カ所しかありませんでした。このまま手をこまねいていてはフィジーやタヒチに客を奪われ、観光発展のチャンスを逃してしまいます。

都心部の渋滞解消も急を要します。解決法の一つは内環状線ですが、国道と接続する区間が未整備のため、効果が発揮できていません。そこで私は住宅地開発と大規模リゾートの誘致、内環状線の完成をポートビラ市に提案することにしました。

内務省には九つにわたる提案をすることにしましたが、私が最も重要としたのは多目的ダムの建設でした。ポートビラ市と隣村の間には広大なメレ平野が広がり、その中央をコレ川が流れていますが、毎年はんらんして洪水被害が生じています。市が急成長すると水道水や電力も明らかに不足するでしょう。そこで多目的ダムを建設し、治水と取水、発電を担わせるのです。

ポートビラの住宅地開発は重要なことなので、内務省にも提案することにしました。人口増加は3万人分と見込まれるので600ヘクタールを開発する必要があること、津波対策として高台に造成することを盛り込みました。

現地調査

3万人が暮らせる新住宅団地をどこに選定したらよいか調査するため、運転手のロチャーや雑役夫のヤスと一緒に候補地となっている牧場に向かいました。人のいない、道もない、広大な土地を踏査しなければなりませんが、刑務所から脱走した凶悪犯がまだ捕まっていないという報道があり不安だったので、万一に備えて木刀を背に現地に入ることにしました。

出発前、途中まで私を車で送ってくれることになっているロチャーが、ヤスに一生懸命話しかけています。中身はよく分かりませんが「途中まで一緒に行こうや」と言っていることくらいは分かりました。トラックにロチャー、ヤス、私が乗り、地図を見ながら現地に到着。するとヤスが「コータロー、牧場は広いから道に迷うぞ。俺も一緒に行く」と言ってくれました。一気に緊張が解けました。

ヤスのガイドで踏査開始。一度だけ牛と馬に出くわしましたが、だれにも出会いません。牧場なので道らしい道もなく、たまに道があっても、二股に出合うとどちらへ行けばよいのか分かりません。気楽に考えていましたが、私一人なら確実に道に迷ったでしょう。

あとからヤスに聞くと、ロチャーが「コータローだけだと心配だから、ガイドについていってくれ」と個人的に頼んでくれていたのです。そんな彼らの優しさにふれ、ますますバヌアツ人が好きになりました。そして、ようやくバヌアツ人の仲間に入れてもらえた気がして、うれしく思いました。彼らの気遣いに心から感謝した私は、後日、お礼にカバをおごりました。

レインボープランの計画図

資料収集から始まった作成作業でしたが、1年半をかけ、帰国の3カ月前に新しい都市計画「レインボープラン」を完成させることができました。この名称は、計画図に描かれた道路の形が虹のアーチに似ていることから私が命名しました。外環状線の建設や増加する人口に対応した住宅地の造成など、ポートビラの20年後を見据えたプランに仕上がりました。

プランの公表

さて、完成したレインボープランを公表することになりました。シニアボランティアとしての活動を締めくくる重要な場です。

都市計画は20年先を考え、道路や土地の利用について計画し、個人の土地利用に制限をかけ、時間をかけて計画を実現していきます。これはまちづくりのための重要かつ民主的な手法ですが、バヌアツの人たちはこのような長期的な事業に不慣れなようです。私は都市計画の重要性を啓発することが大事と考え、マスコミを通したり、説明会を開いたりしてレインボープランを市民に公表しました。

最初の説明会は内務省でした。プレゼンが終わると皆が拍手してくれ、2年間の苦労が報われた気がしたものです。次は市長と市議会議員、そして最後は関係省庁で説明会を開き、省庁の次官クラス、地元テレビ局などを前にプレゼンしました。理解してくれたかどうか心配でしたが、質問の時間に3人の方から次のようなコメントがありました。

「彼のプレゼンは現状をリアルに伝え、対策も提案され有意義であった」（政府関係者）

「彼の計画はバヌアツの将来を見据えたものだ。関係機関で協力して、計画を実現できるよう努力したい」（ポートビラ市を管轄する州政府関係者）

「環状道路は地域によってコストや環境などの問題はあるが、彼の美しい都市計画は実現可能である。長期的な都市計画はいろいろな課題を想定しながら立案するが、バヌアツではそれ以上のスピードで次から次へと課題が出てくるので、その点を考慮して進めてほしい」（前内務省事務次官）

内務省の仲間に聞くと、私は相当緊張していたようです。ビスラマ語でプレゼンするので前日にホテルで10時間、5回もリハーサルをして説明会に臨みました。プレゼンは2時間に及び、ぐったり疲れました。その後の昼食は、緊張のあまり歯がギリギリと痛くて食べられなかったほどです。こんな経験は初めてでした。

私のようなシニアボランティアが、市民を前に計画案を公表するのは珍しく、反響が大きかったので内務大臣の耳にも入ったのでしょうか。「私はまだ説明を聞いていない」とお叱りを受ける羽目になりました。最後の説明会を内務大臣、事務次官を前に行い、内務省都市計画アドバイザーとしての仕事が終了しました。地元新聞が1面に取り上げてくれたので、市民にそれなりに計画を浸透させることができたのではないでしょうか。

この発表会から5年後、私はバヌアツを再訪しましたが、内務省を訪れると、応接室の壁にレインボープランの計画図が張ってありました。ジェリーに「このプランは今、使われているの？」と質問すると「オーストラリアの援助でポートビラの都市計画を作成することになっているが、コータローのレインボープランがベースになる」と話してくれました。

こんなスケールの大きい国家プロジェクトの立案は、私にとって初めてでした。もしこの事業が動けばバヌアツの礎をつくることになります。誇らしく、心が躍りました。日本では第一線を離れた私ですが、ＪＩＣＡのシニアボランティアだったので、このようなビッグプロジェクトに参画できたのでしょう。大きなやりがいを感じた出来事でした。

6 日本の剣道

なぜ教えるのか

朝5時半。まだ月がこうこうと照る、肌寒いバヌアツの4月。

私の住むホテルのそばにある公園の野外ステージでは、月の光に浮かんだ黒いシルエットが鋭く動き、「コテ、メン」「コテ、メン」という日本語の掛け声が聞こえてきます。

バヌアツ赴任から間もない2007年4月8日。こちらでの暮らしに慣れないうちから剣道の指導を始めました。稽古は早朝5時半、週3回。私にとってもきついことでしたが、剣道指導はバヌアツでの大切な仕事なのです。

少し時間をさかのぼります。

私の道庁時代の同期が集まってバヌアツ行きの送別会を開いてくれたときのこと。ある友人に「2年間しかいないのだから、あまり肩に力を入れずに楽しんできたら」と言われました。私は「バヌアツのためにがむしゃらに働くのだ。楽しむために行くのではない」と思っていたので、その言葉に内心反発していました。

とはいえ、友人の言葉に「バヌアツのために自分は本当に何ができるのか？」と自問自答せざるを得ませんでした。「先進国日本の技術を伝えることはできるが、その技術を生かすも殺すもバヌアツの人たちの自覚と使命感にかかっているのではないだろうか？」と考えたのです。

明治の日本人は列強の侵略から国を守るため、欧米に追いつき追いこせと、寝食を忘れて世界の先端技術を学びました。そのような心構えがあったからこそ今の日本があるのだと思います。

翻ってバヌアツはどうでしょうか？

ＪＩＣＡの試験の準備で初めてバヌアツを訪れた時のことを思い出しました。自然がいっぱいで、見知らぬ人にも笑顔で「ハロー、ハロー」と声をかけてくれる善良な人たちばかり。刑務所に収監されている囚人は数人しかいないほど。まさに「世界で一番幸せな国」でした。

しかし、赴任して日がたつにつれ、最初は気づかなかった姿が見えてきました。

バヌアツは独立してまだ半世紀もたっていない若い国です。経済は白人と中国人に牛耳られ、地下資源などがないため財源に乏しく、国の発展の基盤となるインフラの整備や教育、医療などは全て外国の支援に頼っています。白人と比べてバヌアツ人は貧しく、高等教育を受ける機会も多くありません。

日本同様、豊富な資源に恵まれなかったバヌアツにとって、貧困から脱出し、真の独立を獲得するには人材育成しかありません。時間はかかるかもしれませんが、それが貧困から脱する一番の近道でしょう。

私が剣道を習い始めたのは大学3年生のときです。自堕落で意気地ない自分に飽き足らず、心も体も強い人間になりたいと真剣に思ったからです。しかし、日々の稽古で「いつも己に負ける」自分を見いだし、情けない思いをしていました（ちょうど妻と付き合い始めたころで、少しでも彼女を守るため、強い人間になりたいと思ったのが本当ですが）。

その後道庁に就職し、自衛隊基地のある千歳に勤務したときのことです。通っていた道場は九州男児が多く、稽古は厳しいものでした。あるとき七段の先生に稽古をお願いしました。普通は相手に疲れが見えると稽古をやめるのですが、その先生は、私が倒れそうになってもやめません。ところが、しばらく我慢を続けると、そのあとは疲れを知らず、逆に闘争心がわくのです。不思議な体験でした。

そのとき「真剣に打ち込めば、己を克服（克己）できる」と学びました。己に負けて諦めそうになるような実現困難な目標でも、強い意志で粘り強く努力を続ければ必ず実現できると確信したのです。バヌアツの人たちに、剣道を通してそのことを伝え、共同統治時代に失った「民族の誇り」をいま一度思い起こしてほしかったのです。

素晴らしい弟子たち

剣道の教室はバヌアツ全土で初めてです。指導はもちろん無料としました。しかし、道場をどこにしたらいいのか、どうやったら弟子たちを集められるのか、見当がつきません。

私が住んでいるメラネシアンホテルのマネージャーである大数加《おおすが》裕信さんが「ホテルのすぐそばの公園に屋根付きのステージがあるから道場に使ったら？」と勧めてくれました。少なくとも雨はしのげます。その上、彼は剣道に興味を持っていたので指導することにしました。弟子第1号です。

バヌアツ始まって以来の剣道が、私と大数加さんの2人で野外ステージからスタートしました。記念すべき日です。初日ということもあって午後4時に稽古を始めたので、近くに住むバヌアツ人の青年たちが物珍しそうに集まってきました。

「何をしているの？」と聞くので「剣道だ。日本には柔道や空手もあるが、剣道は侍が学ぶ日本古来の格闘技である。希望者には無料で教える」と答えました。

すると青年たちは「ぜひ教えてほしい。練習日はいつ？」と興味津々の様子です。「火、木、土曜日の週3回、朝5時半から、この野外ステージで。剣道は厳しいよ。途中でやめるならしない方がいい！　稽古時間には遅れないこと！」と声をかけ、弟子に迎え入れました。青年たちの

勢ぞろいした剣士たち。
右端がダン、右から３人目がキキ、左から３人目がマルコム

名はマルコム、キキ、ダン。３人ともポートビラにある南太平洋大学の学生です。

その後、口コミで弟子が増え、十数人になりました。バヌアツ人以外では、バヌアツに住むフランス人の兄弟（高校生と中学生）とＪＩＣＡのボランティアが加わりました。

バヌアツ青年のマイケルは遠方に住んでいるので「道場に通うのは無理だよ」と断ったのですが、聞き入れません。「どうして、そんなに習いたいんだ？」ときくと「先生、俺はサムライが好きなんだ。剣道を学んで強くなりたい」と言います。バヌアツにも日本をテーマにした映画のビデオが市販されており「サムライ」や「ニンジャ」という言葉はけっこう知られているのです。

やむをえず彼の入門を許しましたが、泊まるところはなんとサッカー場の屋根の下。ポートビラの気温は1年を通して20度以上なので、雨をしのげればいいとはいえ、その熱心さに感心したものです。

早朝5時半からの稽古についてこられるかどうか心配でしたが、杞憂《きゆう》でした。

ある夏の早朝、私はたたきつけるような雨音で起こされました。

雨がっぱを着てホテルから道場へ向かいます。豪雨なので誰も来ないかもしれないと思いつつ道場で正座して待っていると、さすがバヌアツ剣士です。マルコムとダンが来ました。2人の眼差しは真剣で、私もつい本気になります。正座して「先生に礼」と言って稽古開始。気合が入ります。

腹から大きな声を出し、眼光鋭く、素振りや基本稽古に集中しました。

彼らはこの激しい雨をものともしないくらいですから、これからも稽古を続けるでしょう。私にとっても早朝の稽古は厳しいですが、真剣に教えようと心を決めました。

ありがたい支援

弟子たちは稽古に熱心だっただけではありません。私の教えをきちんと守ります。「稽古の前に道場を掃除しなさい」と教えたものの、彼らは南国特有のおっとりしたところがあるので、きちんと取り組むかどうか心配でした。ところが、しっかりときれいにするのです。

よい弟子たちに恵まれたのは幸いでしたが、次に大きな課題がありました。柔道や空手は稽古着だけで練習できますが、剣道は竹刀、稽古着、防具など剣道具一式をそろえなければなりません。私が日本から持参したのは竹刀5本だけだったので、素振りや基本稽古をするだけでした。その竹刀も、弟子たちが増えて不足してきたので、そこかしこにある棒を即席の竹刀にして稽古せざるを得ません。

道庁剣道部でともに汗を流した剣道七段の小林久光先生にお願いし、使い古しの剣道具15人分を送ってもらうことになったものの、日本からバヌアツまでの運搬費の捻出に頭を抱えました。

ちょうどそのころ、小、中学校時代の同級生である松原弘子さんからホテルに電話がありました。小さな町で、同級生は一人一人お互いに気心の知れた仲間なので、松原さんは私のバヌアツでの生活を心配して日本の食品を送ってくれたり、電話をくれたりしていたのです。思いきって松原さんに、剣道具の運搬に50万円ほどかかること、無料で指導しているのでお金の蓄えはないこと、JICAバヌアツ事務所に運搬費をお願いしたが断られたことなど窮状を訴え「バヌアツの青年たちは剣道を習いたいと真剣です。本当に厚かましいけれど、運搬費を出してもらえないでしょうか」とお願いしました。50万円は大金ですが、松原さんは困っている私を見過ごせなかったのでしょう。「日本からずっと遠いバヌアツに、剣道という日本文化が残ると思えば安いかもしれない」と快く引き受けてくれたのです。こうした皆さんの協力がなければ、剣道の稽古は進められなかったことでしょう。

市民にお披露目

バヌアツへ来て半年後、ポートビラの中心市街地にある海に面した広場、シーフロントで、毎年恒例となっているポートビラ商工会議所主催の産業祭が開かれました。小さな店がぎっしり並び、たくさんの人が店をのぞきながらお祭りを楽しんでいます。

ＪＩＣＡも、この年初めて会場にコーナーを設けたのですが、その際、「日本文化を紹介したいので、ポートビラ市民に剣道を披露してくれないだろうか？」と、商工会議所でボランティアをしている正田順さんから依頼がありました。弟子たちに刺激を与える絶好のチャンスです。メラネシアンホテルで私の隣室に住み、大変お世話になっている正田さんの頼みでもあります。喜んで参加することにしました。

バヌアツの歴史始まって以来、初めて剣道を披露するのです。あまり下手だと困ります。剣士たちに「本番まで休むことなく練習を続けるように！」とハッパをかけました。剣士たちはそれに応え、１カ月間、一生懸命稽古してきました。やりがいも感じていたのでしょう。皆の熱意が

市民の注目を集めた剣道のお披露目

ひしひしと伝わってきて、私も指導に一層力が入りました。

いよいよお披露目の日。皆なかなか稽古着が似合います。出番が刻々と迫ってきました。会場入り口に座って出番を待つ十数人のバヌアツ人と日本人の剣士たちは、いつもの笑顔がなく緊張した様子です。観衆は500人以上います。声をかけたものの緊張がほぐれる様子はありません。

ついに出番が来ました。整列、正座、「先生に礼！」で稽古開始。切り返しなどの基本稽古から、防具をつけた5人の剣士一人一人と私との一本勝負へ続きます。私が気合もろとも面を打ち、体当たりすると観衆からはどよめきと拍手が上がり、大いに盛り上がりました。

稽古が終わり、すがすがしい表情をしたバヌアツ剣士に聞きました。

「みんなの前での稽古は緊張したかい？」

「知っている人もいたから少し緊張したけど、いつもの稽古ができてほっとした」

「そりゃ良かった。稽古を始めて半年間、きつかったろう。でも今日の稽古は良かった。先生もうれしかった。みんな上達した。これから1年半頑張ってもっと上手になろう！」

お披露目を無事に終え、私も彼らと一緒にほっとしました。

バヌアツの人々にとって剣道は珍しかったようで、テレビや新聞でも報道されました。剣士たちも鼻が高かったことでしょう。お披露目で剣道を見た人たちでしょうか、道路を歩いていると見知らぬ人が私に手を振ってくれたり、雑踏で道を譲ってくれたりして驚きました。

剣道は地味なものです。「重要なのは休むことなく続けること」と私は思っています。お披露目を終えたとき、帰国するときまで地道にバヌアツ人と稽古に励み、剣道の精神を伝えたいと強く思いました。

7　エリザベートの日本留学

目の当たりにした差別

シニアボランティアが集まると必ず、バヌアツの将来について議論になります。「先進国のように電気、水道、車、電化製品などに囲まれた、豊かで文化的生活のできる社会づくりを手伝いたい」という意見がある一方、「自然に育まれ、伝統を大切に純朴に生きるバヌアツ人の生活を守りたい」という意見もあります。どちらも理解できます。

私は、バヌアツの将来を決めるのはバヌアツ人でなければならないと思います。そのためには広い世界を知ること、そしてバヌアツ人としての誇りを持つことが欠かせないと考えています。私が剣道の指導を始めたのも、微力ですが、青年たちにバヌアツ人の誇りを思い起こしてほしかったからです。

シニアボランティアに応募する前に、故郷の先輩で企業経営者の浅利さん、日原さんとともにバヌアツへ下見に行きました。美しい自然と素朴なバヌアツの人々を見て、この新しいバヌアツの国づくりに参加したいと決心した旅でした。

両人は私のことを心配してくれ、２００７年10月にバヌアツを再訪してくれたので、エファテ本島の北端にある「タカラ温泉」へ誘いました。バヌアツは火山国なので温泉があるのです。「タカラ」といっても日本語ではありません。バヌアツの地名です。この温泉は海岸沿いに屋外の温水プールがあるので、南国特有の青い海とはるかに浮かぶ島々を眺め、あきたら泳ぐ趣向です。

プールでは10人ほどの白人の家族が泳いでいましたが、有色人種である私たち日本人がプールに入ると、一斉に出て行きました。気分のいいものではありません。オーナーも白人、遊ぶのも白人、サービスするのはバヌアツ人です。

昼食時間だったので、バヌアツ人のタクシー運転手も食事に誘ったのですが、なかなか来たがりません。ほかのバヌアツ人が「行け、行け」とこっそり合図するので渋々やって来ました。レストランの客は白人だけで、彼は食事の間、ずっと顔を上げず、食事が終わったらそそくさと出ていきました。

バヌアツの人々には英仏共同統治時代の厳しい記憶があります。バヌアツ赴任早々に受けたＪＩＣＡ事務所の研修で、講師のハナさんは「学校でビスラマ語を話すと罰せられます」と言っていました。独立してまだ日の浅いバヌアツ国民にとっては、いまだ忘れられない人種差別が残っているのです。

浅利さんはタクシー運転手の姿を目の当たりにして「バヌアツが真の独立を果たすには人材育成が重要だ」との思いを強くしたようです。「若いころ、貧しい私を育ててくれた恩人がいる。その人はすでに亡くなったが、恩返しのつもりでバヌアツ人を日本へ連れて帰り、教育を受けさせたい」と突然言い出しました。驚きましたが、早速、ふさわしい人を探すことにしました。

「神様が願いを聞いてくれた」

やがてメラネシアンホテルに勤める21歳のエリザベート・コランに白羽の矢が立ちました。彼女はフランス系の高校で外国語科目に日本語を選択して3年間、大学でも1年間勉強し、メラネシアンホテル直営の旅行会社に勤務していました。フランス語、英語、日本語、ビスラマ語の4カ国語に堪能で、仕事でもツアー客から人柄が愛され、信頼されていました。

浅利さんはホテルへ帰るとすぐエリザベートをレストランへ呼び出し、単刀直入に切り出しました。

「そんな不安そうな顔をしなくていいんだよ。今、バヌアツの人材育成を手伝いたいと思って、人を探しているんだ。エリザベート、私が学費も生活費も出すので日本で勉強してみないかい」

エリザベートは信じられないという表情をして浅利さんを見つめていましたが、一息ついて

エリザベート（右端）と浅利さん（右から２人目）

「本当ですか!?　日本には憧れていて、チャンスがあれば行きたいと思っていました。すぐにでも返事をしたいけれど、親に相談しないとならないので、明日まで待ってくれませんか」と弾む声で言いました。

翌日、両親の了解を得たエリザベートは「日本へ行きたいので、お世話になります」と浅利さんにお願いしました。

「急な話で驚いたでしょう？」と聞くと、彼女は「いいえ！　私はいつも日本へ行けるよう神様にお願いしていたので、神様が私の願いを聞き入れてくれました。教会で神様に祈り、感謝しました」と話してくれました。

エリザベート一家は敬けんなクリスチャンで、毎週日曜日になると教会で一日を過ごしています。お父さんはウィルフレッド・コランといい、以前はフランス語の先生で、現在は、ポートビラに電力を供給しているフランスの電力会社「ユネルコ」のバヌアツ支店でマネージャーをしています。お母さんのエレーヌは国家公務員で、首相府で働いています。

浅利さんは、初めてバヌアツを訪問してメラネシアンホテルに滞在した際、エリザベートが私たちの旅行について親身になって相談に乗ってくれたことに感心したそうです。今回、1年半ぶりに再会したときも「私たちをちゃんと覚えていてすごく喜んでくれた。ハグまでしてくれ、感動したよ」と話していました。当時76歳。人生経験豊富な浅利さんは、短い出会いでエリザベートの人柄を見抜いていたのです。

私たちは早速エリザベートの両親のもとへ行き、日本行きの話をしました。日本への留学については、ふってわいたような話なので、いまひとつピンとこないようでしたが、私たちの訪問で実感したようです。娘が日本で学ぶのはいいことだと考え、喜んでいるようでした。もちろん不安もあったでしょうが、学費や生活費を出してくれる浅利さんを見て、安心して預けられると信用したのでしょう。

浅利さんが帰国して4カ月後、私が健康診断で一時帰国するのに合わせ、エリザベートも一緒に日本へ行くことになりました。両親は生活環境の激変を心配していたので、一緒に日本へ行き、少しの間娘の様子を見守ります。バヌアツの新聞でもエリザベートの日本留学は大きく報道されました。

一家と一緒に一時帰国

うれしい、うれしい、日本へ帰れる。栗山の仲間に会える！

「私を追い出した町民を見返してやりたい」「落選した悔しさをバネに1歩でも2歩でも前進してみせる」。そんな思いでバヌアツへ渡りましたが、栗山には私を応援してくれた人たちもいました。

バヌアツ行きが決まったときも、たくさんの仲間が集まって壮行会を開いてくれました。「川口さんは栗山のために真剣に働いてくれた。町長をやめても応援しているよ」と言ってくれる人もいました。落選したら皆からソッポを向かれると思っていただけに、本当にうれしかったものです。そんな仲間に会えることに心が躍りました。

JICAはシニアボランティアに、健康診断と心身のリフレッシュを目的に、日本での1カ月間の休暇を与えています。私の一時帰国はバヌアツにやってきて9カ月ほど過ぎた2008年1月となりました。

バヌアツからシドニーへ向かい、飛行機を乗り継いで成田、そして千歳へと向かいます。エリザベートは私の隣でしたが、日本に近づくにつれ心配そうな表情になるのが分かりました。「南国から、雪深い北国まで連れて来てしまったなあ」と少しかわいそうになり、心配にもなりましたが、千歳に着くと表情は明るくなっていました。ほっとして周りを見ると、お母さんのエレーヌがなんとはだしでサンダルを履いているではないですか！ 驚いた私が声をかけましたが、彼女はきょとんとして「何を言ってるの？」とでも言いたげです。雪国が初めてなので分からなくても仕方ありません。早速私の靴を貸しました。

エリザベートと両親は栗山へ。私は健康診断などで忙しく、しばらく一家とは会えませんでした。それから10日ほど後、栗山で新年会が開かれ、会う人、会う人が「顔は思ったほど焼けてないけど、手は現地の人のように黒いなあ！」とか「一人でさびしくなかったかい？ 体調はいいかい？」と次々に声を掛けてきます。「大丈夫だよ」「何とかやってるよ」「へっちゃらさ」と元気に答えながら、胸がいっぱいになりました。バヌアツでの活動報告はついつい熱が入り、予定時間をかなりオーバーしてしまいましたが、皆さんは私の話に静かに耳を傾けてくれました。

エリザベート一家も招待され、ウィルフレッドのギター伴奏でバヌアツの歌を披露し、場を盛り上げてくれました。栗山の皆さんにエリザベートを紹介して「温かく受け入れてほしい」とお願いすると、返ってきたのは大きな拍手。ほっと一安心です。

1カ月間の一時帰国が終わり、エリザベートの両親とともにバヌアツに戻って数日後、お母さんは「1日に4、5回はメールがくるんですよ」と話していました。知り合いもいない栗山でさびしかったのですね。しかし、間もなく学校が始まり、札幌へ通うようになると友達もでき、日本語の勉強も始まって、さびしがっている余裕はなくなったようです。

栗山の皆さんは、エリザベートのために誕生パーティーを開いてくれたり、ひなまつりに呼んでくれたり、食事に招待してくれたりしていました。「皆さんの温かさの中で彼女が幸せに暮らしている」と栗山の友人からメールがあり、安心したものです。エリザベートも週2回、栗山の児童センターで子どもたちと遊んだりしていました。子どもたちも楽しみに待っていたそうで、こうした交流は彼女の日本語の勉強にもなったことでしょう。

もう一人のボランティア

エリザベートの留学を世話した浅利さんは1931年（昭和6年）生まれで青森市出身。栗山の工業団地で有機肥料の生産販売をしています。7歳で母親を亡くしましたが、その母の遺した言葉「世のため人のために生きよ」が人生訓になりました。青森市内のそば店で働いていた浅利さんは、そこの女主人の世話で、旧制青森中学で勉強させてもらったことが人生に大きく影響していると言います。4カ月後の青森大空襲で勉学の夢は断たれましたが、恩義を忘れたことはないそうです。それがエリザベートを日本へ連れて行く動機となったのでしょう。

エリザベートは、札幌の日本語学校の夏休みや冬休みにバヌアツへ帰省するので、ときどき会うことがありました。その度に日本語が上達していて驚かされたものです。日本語学校へはバス通学だったので、自然に時間や約束を守る習慣を身に付け、すっかり日本の生活に溶け込んだようです。

留学前、彼女の夢はバヌアツ大使館に勤め、バヌアツ文化を日本に紹介すること、日本文化をバヌアツに伝える最初のバヌアツ人になることでした。残念ながら日本にバヌアツ大使館がなく、その夢は果たせませんでしたが、浅利さんの仕事を見ているうちに彼女の夢は変化しました。現実の企業活動に興味を持ち、大学の商学部で勉強したいという希望を抱くようになったのです。

そしてその後、北広島にある道都大学（現・星槎道都大学）経営学部を卒業しました。「日常生活の日本語には自信がありましたが、大学で授業がスッと分かるほどではありません。家に帰ってからも真剣に復習し、夜遅くまで勉強しました」と話していましたが、そんな苦労のときを支えてくれたのはホームステイ先の浅利さんでした。

浅利さんは、バヌアツのためにもう一つ大きなことをしてくれました。

エリザベートの実家であるコラン家の隣に、栗山からバヌアツへやって来る町民が無料で泊まれるように日本式の家を建てたのです。

バヌアツに建てられた「浅利邸」

浅利さんから下見を頼まれた私はコラン家を訪問しました。ポートビラの都心から車で30分ほどの距離です。エリザベートのお母さんは「バヌアツの栗山村」と言っていました。世界で一番幸せな国に栗山村が出現したのです。

私はバヌアツの家の建て方に興味があり、建築現場を見に行きました。作業員は「監督に来たのか」と緊張していたようでした。バヌアツの個人住宅は小さいので、機械は小さなコンクリートミキサーと、砂利や砂などの資材を運ぶトラックだけ。それ以外は全て人力ですが、作業員は15人もいるのです。多分ポートビラに働き口が少ないのでしょう。

家は平屋建て。3室の寝室、居間、バス、トイレ、ベランダで、将来は拡張する予定とのこと。ここまでは電気が来ていないので発電機か太陽電池パネルで発電します。蓄電量に限りがあり、夜は電灯を細々と数時間つける程度で早寝早起きが原則です。飲料水は、雨水を大きなタンクにたくわえます。雨水を飲むのを心配する向きもありますが、煮沸するので大丈夫。地方では雨水を利用するのが一般的なのです。

遠くから浅利邸の写真を撮ろうと、向かいの家の近くまで行くと、そこの奥さんが「こっちへ来て谷を見て。すばらしい景色ですよ！」と手招きしてくれました。なるほど眺望は壮観です。遠くにかすんで見える対岸の崖、両側の崖の間に横たわる深い谷。崖のふちから谷底を見下ろすと足元が不安になるほどの深さです。長い年月による風化と河川の浸食で、この渓谷がつくられたのでしょう。

浅利邸を利用しているのは栗山の人だけではありません。ポートビラは、しばしばサイクロンに襲われます。バヌアツの住宅のほとんどは雨風をしのぐ程度の簡単な構造なので吹き飛ばされてしまいます。しかし、浅利邸は強い風雨にも耐えられるので、サイクロン襲来の際は避難場所としても利用されています。

バヌアツの人たちにとって浅利さんは、ＪＩＣＡボランティアとは別の「もう一人のボランティア」なのです。

8 日々の出来事

健康と食事

高齢になり、しかも途上国にいると健康が一番の気がかりです。

バヌアツ最北端にあるトルバ州の州都ソラへの出張から戻ってきたときのこと。体調を崩して静かにベッドにもぐり込んでいたのですが、玉のような汗をかくので、マラリアではないかと心配になりました。

マラリアは、蚊が媒介するマラリア原虫に感染することで起こる熱病です。重症化すると死に至ることもあります。

思い当たることがありました。洪水対策の調査でマラリア蚊の生息する山の中を歩き回ったのです。同僚たちに話すと、みな心配して検査を勧めるので、運転手のロチャーに病院へ連れて行ってもらいました。

採血検査の結果は問題なし。ほっとしてホテルへ戻り、私の部屋を掃除していたバヌアツ人女性にマラリアの話をすると「私は3回かかったことがある。高熱で玉のような汗が出た。夕方に仕事をしたの？」と聞かれました。マラリア蚊は夕方から夜にかけて活動するので、バヌアツ人はこの時間帯に山へ近づかないそうです。

健康面では「歯」も心配でした。バヌアツへ渡る前に「途上国には歯科医がいないから、虫歯になったら大変だよ」と聞かされていたので気がかりだったのです。私の住む野幌で歯科医院を開いている栗山小、中学校の同級生に頼み込み、1カ月間、彼の歯科医院に通って万全を期しました。一番大事なのは「歯磨き」ということで、2年間、朝と夜寝る前に丁寧に歯を磨きました。おかげで虫歯にはならずにすみました。

幸いボランティア期間中は大きな病気もしませんでした。ひけつは剣道の稽古と自炊だったかもしれません。

稽古がある日は午前5時、それ以外は午前6時に起きます。近所の店で買った焼きたてのフランスパンと紅茶で軽い朝食をすませ、勤務時間は午前7時半からなので、そそくさと内務省へ向かいます。しばらくして〝バヌアツタイム〟を知ったので8時ごろ出勤するようになりました。内務省は歩いて15～20分。バスに乗ることもあります。午後4時半になったらホテルへ帰り、夕食を作って食べ、後片付けをするともう7時です。それからリポートを書いたり、メールに返事したり、読書したりして過ごし、11時半に眠ります。これが私のバヌアツでの日課です。

昼食は毎回、中国人が経営する食堂の250円のカレーシチューでした。夕食は全て自炊です。

私の暮らすホテルは自炊設備がそろっているのです。

勤務を終えるとマーケットで新鮮な野菜や果物を買って帰ります。本当に安いのです。20本のバナナ1房、グレープフルーツ、ポポ（パパイヤ）、日本の3～4倍の大きさのキュウリ、ナスがそれぞれ40円から80円で買えます。米は10キロ千円程度のオーストラリア産の陸稲で、味は日本とそれほど変わりません。

夕食のメニューは簡単で、料理と言うにはおこがましいものです。買ってきた野菜をぶつ切りにしてフライパンで炒め、卵をまぜ、ご飯と一緒に食べます。ご飯はバヌアツで買った中国製炊飯器で炊きます。少しぜいたくになると、同級生の松原さんが送ってくれたインスタントのみそ汁、マーケットで買ったサラダなど。デザートにバナナ、ポポ、グレープフルーツがあれば申し分ありません。

バヌアツに来て半年たったころ、妻や友人が待ちに待った日本食を送ってくれました。インスタントのおかゆでさえ一口一口味わっていただきました。日本からの輸送費が2万円ほどする上、届くまで2～3週間かかるので、おいそれとは口にできないのです。

古い日本製のワゴン車を利用したポートビラのバス

危険がいっぱい!?

食中毒で七転八倒の苦しみを味わったこともあります。私はマーボー豆腐に目がないのですが、バヌアツには豆腐がないので自分では作れず、時々中国レストランで食べていました。あるとき仲間のボランティアから市内のスーパーで豆腐を売っていると聞き、直行しました。探して探してようやく見つけたのは中国製の豆腐。早速料理し、出来栄えに満足して食べました。

ところが夜中3時ごろ、激しい腹の痛みが襲ってきたのです。はうようにしてトイレへ行き、便座に座ったものの、たちまち床に転げ落ち、横たわってしまうほどです。痛みに耐えて座り直し、出すものを出すと、30分ほどでようやく落ち着いてきました。気がつくと体は汗びっしょり。着ているものも全てびしょびしょでした。

多分例の豆腐が原因だったのでしょう。後から聞くと、友人は「色が悪いので買わなかった」と言っていました。

危険は食べ物だけではありません。

通勤のため歩道のない幹線道路沿いを歩くのですが、30万キロは走ったであろう日本製ワゴン車のバスが次から次へと走ってきます。時々整備不良でホイールが外れます。当たればただではすみません。一度、私の方へホイールが飛んできて肝を冷やしました。ろくに修理もされていないので、ブレーキが利かなかったら、ハンドルがおかしくなったら……と次々に不安が襲い、道路もおちおち歩けません！

途上国では「ゆめゆめ油断めさるな」です。

中国人のビジネス

海外に移住した中国人やその子孫は一般的に「華僑」といわれています。世界の華僑人口は2千万人近くといわれ、バヌアツにも大勢の華僑がいます。

バヌアツで暮らしていると「オ・ボン・マルシェ」という大きなスーパーが目に留まります。

私が知っているだけでも4店舗あり、経営者は中国人です。ポートビラの中心市街地に行くと、食堂やレストラン、お土産店、雑貨店などほとんどの商業施設は中国人の経営です。白人観光客向けの高級なお土産店やレストラン、郊外の高級リゾート施設は白人が経営していますが、中国人は主にバヌアツ人を相手にビジネスをしています。

バヌアツ経済は、総じて中国人に牛耳られています。バヌアツのシンクタンク「ＰＩＰＰ公共政策太平洋研究所」が、これら中国人のビジネスについてバヌアツ人の意識調査をしています。いわく「中国人の移民は多い。彼らはバヌアツ社会に同化しようとはせずビジネス志向。次から次へと新しい店を出し、数も圧倒的に多い。バヌアツ人の約70％は中国人ビジネスに反対」。どうやらバヌアツ人は中国人の商売を快く思っていないようです。

私も不快な経験をしたことがあります。

早朝の剣道の稽古を終え、爽快な気分。朝食にフランスパンを、と近所の中国人の店に寄りました。主人へ代金を支払い、おつりをもらおうと手を出したところ、手のひらにポイと投げてよこしました。翌日もパンを買おうと店に寄ると、今度はおつりをカウンターに投げてよこしたのです。見ていると、白人の客には普通におつりを手渡しています。これは明らかに嫌がらせです。

数日後その店へ行き、もしまた嫌がらせをしたらその理由を聞こうと思っていました。「グッドモーニング」とあいさつし、おつりをもらう段になると、今度は普通に手渡してくれました。

なぜ以前は嫌がらせをしたのか、いまだにその理由が分かりません。

したたかな中国の援助

バヌアツへ派遣されて間もないころ、小国バヌアツに大国のフランスと中国の大使館があると聞き、驚いたことを思い出します。フランス大使館があるのは、英仏共同統治の歴史を考えると納得がいきますが、中国大使館があるのは奇異に感じたものです。しかし、中国人のバヌアツでの活躍を考えると不思議ではないかもしれません。

大使館があることでバヌアツとしては中国の影響下に入ることになりますが、一方で中国がバヌアツを重視しているともいえ、バヌアツ発展のために中国が力を貸してくれるでしょう。バヌアツは中国とのバランスを取りながら自国の発展を考える難しいかじ取りを求められると思います。

大使館があるせいか、中国からバヌアツへの援助工事が目立ちます。メラネシア・スピアヘッド・グループの事務所は中国の援助で建設されました。私は土木技師なので興味があり、時間があれば工事現場を見ていましたが、異様な感じを受けました。建設資材から機械まで一式、中国から船で運ばれたもので、作業員もほとんど中国人。バヌアツ人は数えるほどしかいなかったのです。援助といっても、バヌアツの経済活性化に直接役立ってはいません。失業者が多いバヌアツとしては不満です。これではまるで中国国内で工事をしているのと同じだからです。

中国の援助の仕方はしたたかでPRが上手です。少ないお金で最大の効果を発揮しています。例えば、中国は各省の大臣車として、バヌアツの国旗ではなく中国の国旗が大きく描かれた高級車を援助しました。これ見よがしに中国国旗を描いた車が市内を走るわけですから、アピール効果は絶大です。

それと比較すると、日本の援助はごみ処分場やダムの建設、道路や港の整備など金額は大きいものの地味なものが多く、バヌアツ人へのPR効果が小さいと思います。

バヌアツは資源のない国ですが「世界で一番幸せな国」と言われてから観光客数はうなぎのぼりです。にもかかわらず、日本から遠く離れ、全く知られていないせいか、日本からの投資は低調です。バヌアツ人は「日本は援助しても、われわれに見返りを求めない」と好感を持っており、日本人投資家への期待も大きいのです。南太平洋観光の将来を見据え、皆さんの投資を待っています。

バヌアツでそば打ちを披露する妻

妻とそばと虫よけと

一時帰国から戻って半年ほど過ぎたころ、栗山から帰省するエリザベートとともに、妻がバヌアツへやってきました。2週間の滞在です。

一緒に空港へ迎えに行ってくれた役所の仲間から歓迎のレイをかけてもらい、妻は感激していましたが、よく見ると首には虫よけペンダント、衣類には虫よけシール、体からは虫よけスプレーのにおいがプンプンします。彼女はアレルギー体質で、虫に刺されると1カ月は腫れがひかないので相当の準備をしてきたようです。私まで「そばに寄るな」と弾かれる始末です。

妻の荷物の大半は虫対策と、そば打ちの道具一式でした。ここ数カ月学んだそば打ちの成果を私の前で披露し、おいしいそばを食べさせることが旅行の目的だったのです。仲間から特訓を受け、必死に練習し、やっと一人で打てるようになったといいます。めん棒、ボール、ざる、そば粉は日本から持参してきました。妻のそばを食べた私は5連発で「おいしい」と叫んだほど感激しました。そば打ち仲間の皆さんのおかげで、思いがけないごちそうに恵まれました。

お礼とばかりに私は、エファテ本島の北端にあるタカラ温泉へ妻を連れていき、温泉につかりながら15カ月分の積もる話をしました。

さて寝る段になると、またまた虫対策が始まります。今度は蚊取り線香をふんだんにたいたので、少し息苦しいほどです。虫は防げたものの、ヤモリが部屋に侵入してきました。妻はそれが怖くて、ベッドに入っても一晩中眠れなかったようです。気持ちは分かりますが、到着以来ずっと暑いことと虫のことばかり言っているので、一時けんかになってしまったほどでした。

妻の〝英会話〟

妻は英語が苦手なので、行きも帰りもエリザベートと一緒でなければならず、迷惑をかけました。

ところがです！ そんな彼女が片言の英単語と身ぶり手ぶり、さらに擬音を交ぜて、相手に自分の意思を伝えているのです。大した心臓です。そして「あなたは、私の言うとおり通訳していない」と怒り出す始末です。

スーパーへ買い物に行ったときのこと。ショーケースに牛と豚の肉が並んでいました。どちらがどちらか分からず、またまた私に「通訳せよ」と振ってきました。商札の「veal」（子牛の肉）という単語が分からず、私がためらっていると、せっかちな彼女はケースの肉を指して「モー」と鳴くのです。店員は笑いながら「そうだ、そうだ」とうなずいています。彼女の〝英語〟に感心しました。

その夜のレストランでも、妻は牛、豚ばかりでなく犬、猫、鶏、馬まで、どうやって鳴くのかをバヌアツ人ウエートレスに聞けと言うのです。本当に厚かましいというのか、心臓が強いというのか……。ウエートレスも若いので、恥ずかしがってきちんと答えてくれません。そこで中年の女性に聞くと、日本とバヌアツの鳴き方は似ていました！　はっきり記憶に残っているのは日本の「コケコッコー」に対してバヌアツは「クックックックー」でした。バヌアツの方が実際の鶏の鳴き方に近いようです。

わざわざ来てくれたのだから、一生に一度と思い、奮発して少々高いホテルを予約していたのですが「そんなぜいたくはしない」と一蹴され、やむなくキャンセル。少々節約したので、南太平洋の素晴らしい夕日が見られるレストランで食事するくらいはいいかと思い、出かけました。

しかし美しい夕日は、彼女にとって地獄となりました。

このレストランは景観が売りなので窓がありません。蚊やヤモリが自然のままに、自由に出入りできます。彼女にとっては致命的でした。さらに虫よけの薬を持参していなかったのです。スーツケースに半分も虫よけの薬を持ってきていながら不覚でした。早速、虫に攻撃され「おいしい食事」どころではありません。食べ終わるのもそこそこにホテルへ逃げ帰り、すぐに治療しました。帰る前日だったので、気が緩んでいたのですね。油断大敵です。

どんなところで仕事をして、どんなふうに生活しているのかを見て、私が楽しく日々を過ごしていることを知り、妻は安心したようでした。どんな国へ行っても、不思議とそこの人たちと仲良くなり、現地の生活に溶け込んでしまう私に、少々あきれてもいたようです。強い太陽光線の下で毎日歩き回ったので「相当日に焼けたのでは」と心配しながら日本に帰っていきました。

私の朝はコーヒーをいれることから始まります。今朝もコーヒーをいれ、ふと目をやると、妻のピンクのコーヒーカップがぽつんとテーブルの上に置かれていました。

友の一人旅

妻が帰国して2週間後、今度は30年来の友人で建設会社社長の平村秀さんが日高管内平取町からやってきました。私と交わした「必ずバヌアツへ行く」という約束を果たすため、見たことも聞いたこともない、どこにあるかも分からないバヌアツへ来るはめになったのです。飛行機が違う空港に着陸したり、日本語でまくし立ててバヌアツの税関職員を困らせたりと、さまざまなトラブルが起きたものの、なんとか到着しました。

再会を祝してビールやワインを浴びるように飲み、翌日は市内観光へ。街の中心部でバスを降りると、フラダンスのドレスのような色とりどりのワンピースを身に着けた女性たちが、あちこちでニコニコと話しています。鮮やかな色は南国の風景にぴったりで、平村さんは「ああ、孝ちゃんのいるバヌアツへ、とうとうやってきたのだね」と感慨深げです。大勢の人でごった返すマーケットやフェリー乗り場も見学し「バヌアツは貧しい国というけれど、すごいパワーを感じるな！」と驚いていました。

3日目はバヌアツらしい観光を楽しんでもらおうと、エファテ本島の北西端にあるレレパ島へ。青い海と白い砂浜に囲まれ、浮世のしがらみを離れた楽園を堪能しました。

4日目は最終日。どうしても見てもらいたかった、中国人女性が経営する大衆食堂に連れていきました。内務省から歩いて10分ほどのところにあり、2年間、ほとんどそこで昼食を取っていたのです。

店内は古く、昼でも薄暗いので電気をつけています。ステンレス製ケースに並んだ数種類のシ

昼食で通った中国人女性の経営する大衆食堂

チューやカレーを選び、それをご飯にかけて食べます。

「平さん、何を食べるの？　俺がおごるよ！」

その声で私に気づいた女主人は、にっこり笑ってカレーシチューを指さすので、私もいつものようにほほ笑んでカレーシチューを作ってもらいました。

鶏のシチューを頼んだ平村さんは、私と女主人のやり取りを見て、私がどれだけここへ通っていたのか分かった様子です。「孝ちゃんのバヌアツに溶け込もうとする姿勢はいいね」とおほめの言葉をいただきました。

最後にお土産を買って、平村さんは無事帰国しました。

9 島を巡る

ヌーナ島の休日

都市計画課長のジェリーはエファテ本島の北端近くにあるヌーナ島のメレ村出身で、将来チーフになる人物です。偶然にもそのヌーナ島で2泊3日の休暇を楽しむことになりました。

気心の知れたシニアボランティアの仲間4人でポートビラから本島北端のエムア村に向かい、そこから小さな船でヌーナ島に渡ります。私と仲間の佐野寛さんはバスでエムア村へ向かうのですが、どれに乗ればよいのか分かりません。エムア村へは1日1便なので乗り遅れたら大変です。

バスを待っている人に聞くと、たまたま同じ方向ということで安心しましたが、正午出発のはずのバスはなかなかやってきません。いつ来るのかとその人に尋ねると「バスは来る」との返事です。ほとんど時間を気にしていないようで、私たち日本人は不安が募ります。

バスは1時間遅れでようやくやってきました。エムア村までは40キロほどで、普通に走れば1時間の距離ですが、3時間もかかるといいます。乗ってみて理由が分かりました。しばらくぶりにポートビラに出てきた人たちがスーパーに寄り、ほかの乗客を待たせて買い物をするのです。

ヌーナ島へ向かうエムア村の船着き場

バスの旅を楽しんでいるわけですが、その分到着は遅れます。穴だらけの砂利道で驚くほど急な坂もあります。

揺れに揺られて3時間かけてようやくエムア村の船着き場に到着です。ヌーナ島に渡る船もこれが最終便。乗り遅れたら大変と、自家用車で先行していた仲間2人が船長にお願いして出発を遅らせてくれていたので、何とか飛び乗ることができました。

エムア村からは30分の船旅です。桟橋がないので飛び降りて上陸すると、東洋人が珍しいのでしょう、島の子どもたちが集まってきて、わいわいがやがやとにぎやかに宿泊先のゲストハウスまで荷物を運んでくれました。清潔でこざっぱりしたバンガローで、南国の花のレイを首にかけてもらって新鮮なジュースで歓迎されました。

自然放牧の牛肉や冷たいビールで夕食を楽しんだ

後は、夜空のパノラマが待っていました。サザンクロス（南十字星）やスコルピオン（さそり座）など一面キラキラ輝く星で飾られ、引き込まれます。夜もふけ、潮騒の音とともに寝入りました。

日常の生活を離れ、島の人たちの生活リズムの中で暮らすのも楽しいことです。ゆっくりした時間が流れ、男たちは漁やジャングルでの食べ物採取へ、女たちは食事の準備や子どもたちの世話をしています。子どもたちは学校へ行き、時間になれば帰ってきます。日本の昔の田舎暮らしを見ているようです。

翌朝は目の前に広がる海岸へ。南太平洋にくっきりと大小の島々が浮かんでいます。近くにはエマオ島、ペレ島、遠くにも幾つかの島々がかすんで見えます。島々は太古の昔、火山活動で形成されました。その際にできた黒い火成岩にはブツブツと気泡の跡が見えます。バヌアツ小史『一石一島』にこうあります。

「最初、島はなかった。ただ海があるだけだった。しかし海面の下では地殻が上昇していた。火山がゆっくりと隆起し、海面を突き破り、その荒々しい姿をあらわした。火山が死ぬと、その周りにサンゴが張り付いた」

まさに天地創造をほうふつとさせます。黒い火成岩はバヌアツ誕生のドラマを今に伝えているのです。

「水平線から昇る太陽は素晴らしいですよ！」というゲストハウスの主人の言葉に誘われ、翌朝は5時半に起きて日の出を待ちました。島は周囲をサンゴ礁で守られています。遠く大海原を旅してきた波も、浅い海底のサンゴ礁にぶつかって砕けるのです。遠くを見ると名も知らぬ島々が浮かび、近くを見ればヌーナ島、エマォ島の断崖が急角度で海底に落ちこんでいます。

6時5分、いよいよ日の出です。太陽は水平線の雲を圧倒するように光を放ち、白い雲をあかね色に染めていきます。やがて雲間からの強い光の束が海面を照らし出しました。きっとこの景色は、太古から変わっていないのでしょう。

そのとき、遠くに見える、天を突き刺す短剣のような姿をした島が私の心をとらえました。どうしてもあそこへ行きたい。

そこはマタソ島といいました。

マタソ島探検

ヌーナ島から戻っても、マタソ島のことが忘れられず、JICAの事務所で何とか行く方法はないか相談すると「マタソ島はエファテ本島から24キロ離れた孤島です。島伝いには行けず、外海に乗り出すことになるので危険ですよ！　事務所としては、危険な行動は避けてもらいたい」と言われました。

海から鋭く突き出たマタソ島の雄姿

ちょうどそのころ、ヨットで世界一周に挑戦していた関秀重さんがポートビラに寄航していたので意見をうかがうと「島の近くには至るところにサメがいました。海に落ちたら最後ですね」。

暗い話ばかりで不安は募る一方でしたが、それ以上にマタソ島へ行きたい気持ちが強くなってきました。あの荒々しいさまが目に焼き付いて離れない私は、どんなことがあっても行くと決めていたのです。

その後、マタソ島は、標高481メートルと138メートルの山を持つ二つの島から成り立っていることや、島同士は満潮時に海で隔てられているものの、干潮時は歩いて渡ることができると知りました。まるでフランスの有名な世界遺産モンサンミシェルのようです。さらに小さな集落もあると聞き、どんな人たちが暮らしているのかと好奇心をそそられました。

それにしても安全に行けるのでしょうか？

佐野さんはあちこちに手を回し、ようやくヌーナ島に住む船長のアーリックを見つけてきました。「マタソ島へ連れて行ってもいい。もちろん航海は安全だよ」と言ってくれ、ようやく目鼻が立ちました。マタソ島との出合いから半年が過ぎていました。

いよいよ出発の日です。エムア村の船着き場へ向かうバスには、たまたま内務省のボランティアをしているオックスフォード大学の学生ペータが乗っていました。おば夫妻と3泊4日でヌーナ島へ行くとの話です。ヌーナ島では前回と同じゲストハウスに宿泊しましたが、ペータ一行も一緒でした。

ほどなくして、アーリックが訪ねてきました。船を見せてもらうとグラスファイバー製で安定感があります。アーリックも30代後半でニコニコと笑みをたやさず、信頼できそうです。「船を転覆させたことがありますか？」と聞くと、落ち着いた声で「1回ある。そのときはカヌーだった。今の船では、ない」。どうやらサメには食われずにすみそうです。

ペータ一行を誘うと3人はあっさりと応じ、マタソ島へ同行することになりました。

翌朝、天候は曇り、海は湖面のように静かで、船旅には絶好の日和です。新鮮な空気を吸い込み、5人とアーリック、そして彼の父の7人で出発です。外海はやはり波が高くなったものの、船が波を蹴立てて飛ぶように進む姿にわくわくしました。

ヌーナ島が遠くなり、マタソ島が迫ってきます。遠くから見る荒々しい姿とは異なり、緑に覆われた優しい表情をしています。近づくほどに、大きな島と小さな島が砂浜でつながっているのも分かってきました。

１８９０年に布教で訪れたキリスト教の長老派教会が作った地図には「二つの島が海中にあり、干潮の時、歩いて島に渡ることができる」と書いてあるそうです。しかし、時間の経過で浅瀬は砂で埋まって陸地になっており、ちょっと残念でした。

船が砂浜に近づくと、私たちの姿を見つけた村人たちがもの珍しそうに駆け寄ってきました。船長は以前ここに来たことがあるのでしょう。村人たちに大声で「船を引き上げてくれないか？」と頼むと、楽しそうに船を引っ張ってくれました。

憧れのマタソ島にやっと上陸です。人を寄せつけない岩壁に砕ける荒波の中、船を巧みに操りながら近づいて何とか上陸するのだろうと空想していました。下手をすると船が岩に叩きつけられ、砕け散るのではないかとも思っていましたが、実際は空想よりもずっと穏やかな島でした。

島の現実

引き上げを手伝ってくれた村人の一人で、チーフとおぼしき人物が「今日、16歳の少女が亡くなって村人たちは悲しみに沈んでいる」と教えてくれました。そんな悲しい出来事がありながらも、ほとんどの村人たちが広場に集まり、私たちを好意的なまなざしで迎えてくれました。

広場には教会があり、小学校もあります。どういうわけか私が代表してあいさつすることになり、ビスラマ語で温かい歓迎に感謝して島の人たちと写真に収まりました。その後、私たちは、好奇心旺盛な子どもたちに取り囲まれて質問攻めにされました。

「おじさんたちどこから来たの？」

「あちらの3人のうち、お兄さんはイギリスから、おじさんとおばさんはオーストラリアから来たんだよ。オーストラリアを知ってるかい？」

子どもたちは全員「知ってるよ！」という返事。

「こちらの2人のおじさんたちは日本から来たんだよ。日本って知ってる？」

みんなは知らないようでしたが、1人が手を挙げて「俺知ってるよ！」と元気に答えてくれました。学校で習ったそうです。

さらに、私たちがポートビラに住んでいると言うと「俺、父さんと母さんに連れられて一度行っ

私たちを歓迎してくれたマタソ島の人々

たことがあるよ！　人がたくさんいて、店には何でもあったよ！　すごいね」。マタソ島の子どもたちは、島外へ出ることはめったにないのでしょう。

「みんな海で何をして遊ぶの？」と聞くと「泳いだり、砂浜で走ったり、寝そべったり。それに体を洗ったり、お母さんと一緒に洗濯したりするんだ」

「お姉ちゃんが亡くなって悲しいね」と言うと、子どもたちは「僕たちと遊んでくれた優しいお姉ちゃんなんだ。悲しい。今日はお姉ちゃんのお父さんもお母さんも、そばにいるからここには来ていないよ」とさみしそうに話してくれました。

マタソ島に医療施設がないため、若い命が失われることが理不尽でなりません。日本であれば助かっていたのではないかと思うと、彼女のために何もしてあげられなかったことに、私たちボランティアは情けない思いでした。

昼食どきだったので海岸に出て、持参した弁当をチーフと彼の息子と食べながら、村の生活を聞かせてもらいました。環境はとても厳しく、島の現実はその姿のように荒々しいものでした。島には川も、井戸も、わき水もなく、雨水を飲んでいます。チーフの息子は私の飲んでいるペットボトルのミネラルウオーターをじっと見ているので「飲むかい？」と渡すと、ごくごくと飲み干しました。いつもの雨水よりずっとおいしかったのでしょう。日照りが続けば水は干上がります。飲料水が不足したらヤシのジュースを飲むそうです。海水はいくらあっても飲めないので、島の暮らしは大きな船が大海原を航海しているようなものです。

チーフは、サイクロンが村を直撃したときの話をしてくれました。「体が飛ばされるほどの強風だったよ！小学校がコンクリートの頑丈な建物だったからそこへ逃げ込んだけど、夜中にゴーッという音がするんだ。怖くて不気味だった。朝、外に出るとヤシの木々がなぎ倒されていた。あの音は竜巻だったのかもしれないな」

これほど過酷な環境でも、島の子どもたちは明るく笑い、元気に走り回り、楽しそうに遊んでいます。皆この地で生まれ育ったので、私が厳しいと感じることでも、子どもたちにとっては特別なことではないのでしょう。

帰る時が来ました。手を振る村人と子どもたち、そしてマタソ島がどんどん小さくなり、やがて見えなくなります。皆から脅されたサメにはお目にかかれなかったものの、イルカが船の周りを泳ぎ遊んでいました。

50人ほどがひっそりと肩を寄せ合って暮らすマタソ島は、私にとって天国でした。1泊して満天の星を眺め、村人とさらに交流できればよかったと後悔しました。急しゅんな島の山を登り、広い南太平洋を見渡すことができれば、それは壮観だったでしょう。あれだけ憧れていた場所だっただけに、戻ってみると少々消化不良な感じがしました。

その夜は、佐野さんがマタソ島で釣り、自らさばいたマスの刺身をごちそうになりました。おいしかったのですが、どうやら私はあたったようで、1時間おきにトイレへ走ることになってしまいました。

かくして何とも締まらない形でマタソ島探検は終わりました。

10 バヌアツ最後の日々

テレビ取材班が来た

帰国まで2カ月となった2009年1月ごろ、「川口さんを取材してドキュメンタリー番組を作りたい」と、テレビ北海道（TVH）からクルー2人がバヌアツへやってきました。番組タイトルは「描け！ 楽園の未来～元栗山町長バヌアツへ～」。当時、私が札幌タイムスに連載していたバヌアツ生活のコラムが目に留まったのでしょう。制作意図を聞くと「一線を退きながらも知識と経験を生かしたいと考えている人たちに夢を与えたい」とのこと。2人とも明るく気さくな方で安心しました。

取材は剣道の早朝稽古から始まり、私がまとめ上げた「レインボープラン」を各省庁の幹部に説明する様子も収録しました。私はさらに「バヌアツを語るなら地方を見なくては」とマレクラ島の取材を勧めていました。

マレクラ島での取材が本決まりとなり、飛行機で向かうことになりましたが、そこはバヌアツ。すんなりとは行きません。ポートビラ午前11時発の飛行機が遅れ、午後2時20分発に変更されたのに、さらに1時間遅れるというのです。しびれを切らした私が、航空会社のカウンターで出発時刻を聞くと、職員は「実はその飛行機はすでに出発したので、翌日になります」と言うではありませんか！ しかも、すまなそうな顔すらせず、平然としています。

さすがに腹が立って「何を言っているんですか！ すでに4時間以上待っているんですよ。それなのに『明日飛ぶ』とはどういうことですか!? われわれは明日、日本へ帰ることになっているので、今日飛ばなければ困ります」と強硬に主張しました。本当の帰国は明日ではないのですが、今日のうちにマレクラ島へ行かないと取材に支障が出るのは事実です。

あまりの私の剣幕に、相手はむっとした表情で「ちょっと待ってくれ！ 責任者と相談するから」とカウンター奥のオフィスに戻りました。15分ほどすると出てきて「ほかに客が11人も待っているので臨時便を出すことにした」との返事です。

怒れば方針をころころ変えるのですから、いいかげんなものです。エアバヌアツは一流会社だからでしょうか、「お前たちを乗せてやる」とでも言わんばかりの横柄な態度でした。

ほかの乗客は、誰もクレームをつけずに明日の便に乗るつもりだったのでしょうか。こんなことはバヌアツではよくあることですが、日本ではありえません。この一件をTVHの2人に話すと「だめだなあ、バヌアツは観光の国でしょう？ こんなことをしていたら外国の観光客は二度と来なくなりますよ」とあきれた様子でした。

マレクラ島再訪

何とかポートビラを離陸した飛行機は、およそ50分でマレクラ島のノルサップ空港に着陸しました。空港にはパウロの奥さんのジェニーが迎えに来てくれていました。しばらくトラックに乗っていきましたが、途中で車の走れない坂道となり、そこから家まで10分ほど歩かなければなりません。車から降りると小学生のステファーノが「コータロー、コータロー」と飛びついてきました。初対面から2年もたっているのに忘れずになついてくれるなんて、うれしいことです。私にも同じ年ごろの孫がいたので、いとおしさは格別でした。

2年前、パウロ一家は16人でしたが、今は7人となっていました。ジェニーの母と妹は、現在長男の家にいるそうです。長男のシルビオ一家7人は少し離れた新居に移り、次男のイナスンはエルカと離婚し、三男のオラシオは結婚していました。末娘のマーターは中学を卒業してもう一人前です。家長のパウロは「また来てくれたか」と温かく迎えてくれましたが、以前と比べ少し腰が曲がり、顔にしわが増えています。わずかの間に一家の姿は大きく変わっていました。

ジェニーは「コータロー、おいしいよ。食べなさい」と、夕食にラップラップを振る舞ってくれました。これはバヌアツの郷土料理で、バナナのすりおろしにココナッツミルクを混ぜ、具の鶏肉をサンドしてバナナの葉で包み、焼いた石で蒸し焼きにするのです。

ラップラップを初めて食べるＴＶＨの２人は不安そうです。「焼いた石で蒸すので肉が軟らかくておいしいですよ」と教えてあげました。恐る恐るといった様子でしたが、やがておいしそうに食べ始めたのでひと安心。「素材が生かされ、さっぱりした味」と好評でした。

南太平洋の島々ではコウモリを食べる習慣があります。「フルーツバット」と呼ばれ、主に果物を食べているので良い香りがする高級食材です。ラップラップでもコウモリを使ったものが特上です。日本ではコウモリといえば吸血動物と思っている人が多く、バヌアツ人が食べると聞いて、２人は「本当ですか！」と驚いていました。

夜は相変わらず電気はなく真っ暗闇でしたが、私は疲れていたのですぐ眠ってしまいました。２年前と比べ、バヌアツ生活に慣れて少しはたくましくなったのでしょう。雨季だったので湿気が多く、ＴＶＨの２人は眠りづらかったようです。暗闇の中で戸外のトイレに行くのも大変だったでしょう。「日本人にはこんな生活はできないなあ」と話していました。

パウロ一家の歓迎の様子や大家族の団らん、ジャングルを切り開いて作った住まいなど、自然とともに暮らす素朴な地方の暮らしを、２人は興味深げに撮影していきました。

翌日は午前10時の飛行機でポートビラへ戻ることになっていましたが、また何かあるのではないかと不安を抱きつつ空港へ。いざ飛行機に乗ろうとすると、定員オーバーでわれわれは後の便に回されました。やはりバヌアツでは「予定通り」はないのです。

ＴＶＨの2人はホームステイで地方生活の大変さを知ったようでしたが、私は、日本の生活の方が優れているとは単純に言い切れないと思います。日本だと災害で電気や水道などのライフラインが破壊されたら大混乱になりますが、バヌアツの地方には、はじめから電気も水道もありません。生活に必要な火や水はそれぞれの家でまかなっているので、不便ですが、災害が起こっても火や水を巡って生活が混乱することはありません。

また、バヌアツは大家族制です。昔の日本のように、寝たきりになった老人の介護は息子夫婦が、孫の世話は老人が担っています。日本では年金、介護、保育などが問題になっていますが、大家族制が復活すれば状況が好転するかもしれません。しかし、高度成長期に工業化で人口が都市へ集中し、大家族制は崩壊して核家族化が進んでしまいました。歴史の歯車は戻せませんが、バヌアツの暮らしを見て、日本の家族の在り方を見直す必要があるのかもしれないと思いました。

日本人はなぜ働くのか

バヌアツ人の暮らしを見ていて、自らの働き方についても考えさせられました。私は若いころから「働くことは人生の目的だ」と思い込み、必死に働いてきました。それがごく当然のことと受け入れてきましたが、その考えを覆されたのです。

バヌアツは気候が温暖なので、食べ物はジャングルに行けばふんだんに手に入ります。住まいはバナナの葉で作った、雨をしのげる程度の風通しの良い簡素なつくりです。着るものも、極端な話をすれば腰みの一つで済みます。自給自足の生活で、あくせく働かずとも、大自然の中で穏やかに暮らしているのです。

一方、日本人は、毎朝会社に出かけ、帰宅が深夜に及ぶことも珍しくありません。余暇を楽しむのは休日ぐらい。この猛烈な働きぶりはどうでしょう！ 私にとって、バヌアツ人の生活は奇異で想像を超えていました。そして「日本人は今までのような猛烈に働く生活を続けていくべきだろうか？」という疑問に駆られました。

四十数年前、都市計画の研究でフランスに留学していたとき、パリ大学の教授とバカンスについて議論したことがあります。私が「日本にはバカンスはないし、一生懸命働いています」と誇らしげに言うと、教授は「生活費を得るため最小限働かなければなりませんが、人生とは楽しむことではないですか？ だからフランス人は数カ月前からバカンスを心待ちにしているんですよ」と驚いたように言ったのです。

それ以来、教授の言葉が気になっていました。そしてバヌアツ人の生き方を見て、「猛烈に働く」生き方を見直さなければと考えるようになりました。

そもそも私たち日本人は、どうして猛烈に働くようになったのでしょうか。

私は１９４１年（昭和16年）に生まれ、同じ年に太平洋戦争が勃発しました。いわゆる戦中派です。終戦の45年には4歳で、食べ物はほとんどなく、いつもおなかをすかせていました。そのころの思い出といえば飢えのことばかりです。それゆえ当時の日本人にとっては、とにかく焦土から復興し、飢餓状態から脱することが最も重要でした。だから真剣に働きました。

私も子どものために全力で働かなければと意識し続ける中で、知らず知らずのうちに働くことが人生の目的となったように思います。「働くことを通して、お金を得るだけでなく、社会に役立ちたい」という伝統的な労働観も、日本人を仕事に駆り立てているのでしょう。かくして日本人は、家族や自分の時間を犠牲にして懸命に働き、外国からは「働きすぎ」と言われ続けています。

第二次大戦から70年以上たち、日本は焦土から完全に復興し、飢餓からも脱却して飽食の時代を迎えています。もう昔のようにがむしゃらに働く必要はないのです。ある程度の生活レベルを維持できるようになったのだから、自由時間を楽しんだり、健康を維持したり、家族とのコミュニケーションを大切にしたり、生きることの意味をじっくり考えたりする時が来たのでしょう。２０１６年8月には内閣において「働き方改革担当」のポストが新設され、長時間労働是正への取り組みが本格化しています。推移に注目したいと思っています。

バヌアツでの生活を通して、私は異なる国、異なる人たち、異質なものに接することはとても大切だと痛感しました。異なる意見の人と話すと、おっくうだったり、腹が立ったりするでしょう。しかし、話すことで、その人の意見は自分の意見とどこが違うのか、自分の意見は正しいのかと考えさせられます。さらに進むと新しい発想のきっかけにもなります。自分の成長のために異なる国や人に積極的に接するべきなのです。

愛弟子との別れ

ＴＶＨの取材で、私が指導している剣道の早朝稽古を見てもらったときのこと。剣道から何を学んだかを聞かれた弟子のマルコムは「人を尊敬する、精神を鍛える、約束と時間を守る」、もう一人の弟子のキキは「人を尊敬する、精神を鍛える」と答えました。私が常々言い続けてきたことであり、苦労が報われた思いでした。

マルコム、キキ、そしてダンはバヌアツでの稽古初日に弟子入りした古参の剣士です。マルコムは技も上手ですが、それ以上に精神的に強く、殺気を感じるほどです。キキは剣さばきが素早く、技はありますが、性格的に陽気なので剣道をスポーツ風に楽しんでいます。ダンは内気な性格で技は未熟ですが、地道に稽古に励んでいるので必ず上達すると思いました。

3人と同じポートビラの南太平洋大学で学ぶミッシェルも途中から弟子入りしました。技よりも、気合もろとも相手に体当たりする気力あふれる稽古が印象的な青年でした。

個性あふれる4人でしたが、みな大学を卒業し、マルコムとキキは土木技師を目指して海外へ留学しました。私が土木技師だったので彼らも先生にならったのかとうぬぼれましたが、バヌアツは途上国で建設事業が多く、土木技師が不足しているからでしょう。ダンもフィジーの四年制大学に留学したそうです。働きながら大学を卒業したミッシェルは、昼はIT企業で働き、夜は自分の起こしたIT企業を経営する意欲あるバヌアツ人です。

厳しい稽古をやり遂げた彼らは「何事も努力と意志があればできる」という自信を学んだことでしょう。剣道がそれぞれの夢の後押しをしてくれたのだと思います。

そんな彼らを残して帰国するのが一番つらいことでした。無責任な気がして胸が痛んだのです。しかし、私が一番伝えたかったのは日本の剣道精神だったので、彼らの答えを聞いて少しは自分を納得させることができました。

09年2月下旬、ついに皆と別れなければならない剣道納会の日が来ました。いつものように、基本稽古、一本勝負、道場で正座、礼で2年間に及ぶ指導の全てが終了です。ほっとした半面、さびしくもなりました。流した汗を決して忘れないよう、私の思いを書状に残しました。

「わかれの言葉」


剣道納会に当たり、弟子たちに大切な言葉を残します。

私の志は、君たちに「剣道を通して剣道精神を伝えること」でした。

台風の日も、体調が悪いときも、この2年間休みませんでした。

稽古日は、いつも道場に座り、君たちの到着を待っていました。

君たちと稽古するときは、真剣に立ち向かい、決して気を緩めることはありませんでした。

志は厳しいものです。

もし君たちが人生で志を持ったとき、いかに大きな困難が待ちうけようとも、志が実現するまで、真剣に努力を続けなければなりません。

志を持て、そして、志を実現するまで、ベストをつくせ！


納会の間、今までの思い出が巡り、「よくついてきた」と弟子たちを褒めてあげたい気持ちがこみ上げました。

その日の夕方、ダンの家族が経営するカバ・バーでお別れの会が持たれました。するとかわいいですね、ダンが「先生の1杯目は俺がおごる！」と言うのです。うれしかったです。先生冥利《みょうり》に尽きます。

私は「人を尊敬する」「精神を鍛える」「何事も努力と強い意志があればできる」という剣道の精神をバヌアツ人に伝えるのだと力んできましたが、よく考えるともっと素晴らしいものをお互いに学んでいました。防具を着け、鋭く竹刀を交え、大きな声を出して激しく体をぶつけ合う。汗でぐしょぐしょになった面を取り、涼しい目でお互いに座礼をする。そこから深い友情や信頼が芽生えていました。真の師弟関係が結ばれたような気がしたのです。

内務省の皆さん　ありがとう！

ボランティア期間もあと2週間ほどとなったころ、内務省の同僚たちが送別昼食会を開いてくれました。いつものように庁舎の庭でヤギをつぶしてカレーライスを作るのだろうと思っていましたが、高級な中国レストランで開かれた上に、事務次官、局長、次長そして内務省の仲間が30人以上も出席してくれたのです。たかが一人の日本人ボランティアの送別会なのにです。私は果たしてバヌアツのために役立ったのだろうかと反省しきりでした。

内務省の送別会

冒頭、アラー次長からこんなあいさつがありました。「コータロー、2年間、都市計画アドバイザーとして活躍してくれ、ありがとうございました。特に40年ぶりにポートビラの都市計画を見直し、新たにレインボープランを作成してくれたことには大いに感謝しています。各省幹部らへ周知するための説明会は、これまでにないことで反響を呼びました。内務省の職員との交流を通じて新しい風を吹き込んでくれたことにも感謝します」

私も「この2年間、あたたかい職場でボランティアができたこと、忘れることはありません。レインボープランが今後活用されることを願っています」とビスラマ語でお礼を述べました。会では出席してくれた人たちと2年間の思い出を語り合い、懐かしさに浸りました。

最も長くお世話になったのはもちろん都市計画課

長のジェリーでした。私は「地方出張に同行してくれてありがとう。本当のバヌアツが分かった気がした。レインボープランの発表会も手伝ってくれて助かったよ。この計画を政府関係者にぜひ知ってもらいたかったんだ」と感謝の気持ちを伝えました。するとジェリーは「地方に出かけて、バヌアツを知ってもらってよかった。コータローの作ったプランをいろいろな場面で利用するよ」と言ってくれました。

ヤスとロチャーに「牧場の現地調査のとき、ヤスがガイドについてくれたよね。ちょうどあのとき、脱走した凶悪犯がまだ捕まっていなかったので少し不安だったし、牧場が広くて道に迷ったらどうしようと心配していたんだ。本当にありがとう！」と言うと2人は照れくさそうに笑っていました。

その晩はカバ・バーで飲むことになり、若いスタッフ10人ほどが集まってくれました。何度誘ってもカバには付き合わなかったジェフリーも、今回は参加してくれました。「またバヌアツに来いよ」「ありがとう」と言葉を交わしながら、うれしい思いとともに、これだけのもてなしをしてもらうほど仲間と付き合い、仕事をしたのだろうかと自問自答していました。

バヌアツでのボランティア生活は満足のいくもので、帰国が近づくにつれて離れがたい思いが高まってきました。「生活が厳しい、早く帰国したい」という人もいるのですから、私は本当に幸せだったのでしょう。JICAの事務所長の中村俊男さんやボランティアの仲間たちも送別会を開いてくれました。

振り返ると反省することは多々ありましたが、シニアボランティアとしてバヌアツの人たちと友情を築き、人材を育てるために頑張ったと思います。

それでは「アレ、タ！」（ビスラマ語で「さようなら！」）

11 そして、日本へ

後ろ髪引かれる帰国

ついに帰国の日が来ました。ポートビラの空港に十数人の仲間が見送りに来てくれました。同期の山田義明さんも一緒に帰国です。

バヌアツへ来るときは期待と不安、帰るときは楽しい思い出で胸がふさがりました。青い海と空がどこまでも広がる南国バヌアツ。人々は優しく、時はゆっくりと流れています。

翻って私たちが住む日本はどうでしょうか。車の騒音に包まれ、ビルが林立し、人々は忙しく通り過ぎる時間にいらいらしています。"Time is money"の生き馬の目を抜く資本主義社会です。

バヌアツはやはり現代の天国です。

楽しい日々でしたが、反省することも多々あります。

私は剣道を通して人材を育成しようと頑張りましたが、仕事を抱えながらでは片手間にならざ

情熱を注いだ剣道の稽古

るを得ず、満足のいく取り組みができませんでした。人を育てることはそんな甘いものではないと痛感しました。

バヌアツの人々との交友も反省点です。職場から帰ってくると私はぽつんと一人。住まいのホテルには私のような一人暮らしのシニアボランティアがほかに2人いたので彼らとの付き合いが多くなってしまいました。内務省の仲間と何度かカバ・バーへ行きましたが、もっともっとそういう付き合いをすべきだったと後悔しています。

忘れられない出来事もあります。孤島のマタソ島を訪れたとき、16歳の少女が病気で亡くなり、村人が悲しんでいる光景に出くわしました。日本であればヘリコプターの緊急搬送もあり、孤島でも一命を取り留めたでしょう。途上国で医療が不十分だったから亡くなったのです。先進国だから、途上国だからといって命に差別があってはなりません。とはいえ緊急搬送のヘリコプターの整備は途上国にとって負担が大きすぎます。彼女のために何もできなかった無力さを感じていました。

しかし、シニアボランティア仲間と話しているとき、観光用の民間の水上飛行機やヘリコプターの活用をひらめきました。バヌアツは離島が多いのだから、民間と協力して医療緊急搬送を行う仕組みを提案すべきでした。これなら実現可能だったのにと深く悔やんでいます。

途上国の援助について、少し別の角度から考えてみました。物を与えるという直接的援助も大切ですが、やはり人材育成こそが重要でしょう。

ポートビラ市でごみ処分場の責任者を務めるアモスの言葉が忘れられません。彼はブルドーザーに乗ってごみを埋め立てる市職員です。彼は言います。

「ごみ処分場はポートビラ市の顔。ブルドーザーが故障したり、排水管が詰まったりしたらどうするんだ。すぐ日本に『困った、困った』と頼むのかい？　それじゃだめだよ。自分たちで工夫して維持しなければ」

ごみ処分場は日本が建設しましたが、維持していくのはポートビラ市の仕事です。多くの途上国に共通することですが、バヌアツも困るとすぐ援助国に頼ります。途上国側にも「自分たちでできることは自分たちの手で」という自主自立の精神が求められると思います。

アモスは日本でＪＩＣＡの研修を何度か受けたそうです。日本の技術者が、自分たちの工夫と改善で現場の問題を解決する場面を直に見て、自主自立の心を育んだのではないでしょうか。

途上国のリーダーになるであろう多くの人をＪＩＣＡが日本に招き、日本人が働く現場を見せ、直接彼らを指導することが大切でしょう。ある程度の期間、研修を受ければ、技術に加え日本人の技術者魂も学べます。本当に現場で学ぶことは重要なのです。途上国の人たちは帰国しても日本を一生忘れることなく、日本のファンになるでしょう。これは国際交流の面で大変重要な視点だと思います。

夢を持ち、持ち続ける

ＴＶＨのドキュメンタリー「描け！楽園の未来～元栗山町長、バヌアツへ～」は２００９年３月に放送されました。帰国してから録画を見ましたが、栗山町長からＪＩＣＡのシニアボランティアになる経緯、バヌアツでの仕事がきちんと紹介されていました。キザかもしれませんが、「人生は挑戦だ。それが楽しい！」という私の思いも正確に伝えられていて満足しました。

この番組のおかげでしょうか、帰国するとあちこちから講演の依頼があり、二十数回お話ししました。江別市の老人大学「聚楽学園《じゅらく》」の学習会でバヌアツでのボランティア活動について話したところ、こんな感想をいただきました。

「自分の生き方を考える上で格好の教訓になりました。自分だけが満足するのではなく、人とのつながり、絆を深め、広く夢見ることは大事だと考え直した次第です」

大学生への講義では、多感な高校時代にシュバイツァー博士の伝記を読み、心震わされたことを話しました。世界的な名声を捨ててアフリカで医療活動に従事した博士のことを知り、「人の役に立ちたい」と夢を抱いたことが、ボランティアにつながったと思います。だから、大学生には「夢を持ち、持ち続ける」ことの大切さを訴えました。

学生たちはこんな感想を寄せてくれました。

「大学を卒業できたら適当に就職できればいいと思っていましたが、今日の講義で聞いた《夢を持ち、持ち続ける》を心に留めおき、この先の将来を真剣に考えていきたいです」

「一番心に残った言葉は《夢を持ち、持ち続ける》である。とても感動した。私はこの言葉を忘れずに4年間の大学生活を過ごしたい」

身に余る言葉です。私のバヌアツ行きは夢だけではなく、落選という大きな挫折を乗り越えるためにとった、やむにやまれぬ行動だったにもかかわらず、そこから何かを得られたという人が一人でもいたのは望外の喜びでした。かえって私が大きな勇気と励ましをいただき、感謝しました。

最後の講演は栗山町民100人ほどの前で行いました。「町長の8年間は、私の人生で一番充実していたし、幸せでした。栗山は私の故郷です。今、栗山は大変厳しい時代を迎えていますが、この困難を試練と思い、ぜひ乗り切ってください！」とお礼を述べ、講演を終えました。

両陛下がほほ笑まれたお話

シニアボランティアと、移民した日系人（特にブラジル人）を対象とした日系社会シニアボランティアが帰国すると、その代表者が天皇皇后両陛下にご接見し、現地での活動状況などを報告するのが恒例となっています。幸い私もその一人に選ばれました。

帰国1年後の10年、桜が咲くころ、男性4人、女性2人のシニアボランティアがＪＩＣＡ本部で緒方貞子理事長（当時）にお会いし、皇居に向かいました。皇居内は荘厳で、ここが東京の中心かと戸惑うほど静寂に包まれていました。ご接見場所の御所へと向かう車中で私は、もう一生ここへ来る機会はないと思い、皇居内をあちこち眺めていました。

やがて御所に到着して小広間で待っていると、侍従長、侍従、女官長を伴って天皇皇后両陛下（現在の上皇さまと上皇后さま）が入室され、私を含め6人のシニアボランティアは立ち上がってお迎えしました。緒方理事長が両陛下へご接見のお礼の言葉を申し上げ、事務局長より各ボランティアの紹介がありました。

ボランティアはそれぞれ7、8分の持ち時間で活動を報告し、ご下問にお答えします。2人の女性ボランティアのうち、1人はキルギスで目の不自由な人たちの社会参加を支援し、もう1人はエジプトで保育士の養成や教材を作成してきたことなどをお話しすると、皇后陛下が興味をもたれ、いろいろとご下問されました。女性ボランティアは皇后陛下の包み込むような優しいまなざしに引き込まれ、明るい表情で答えていました。

ついに私の番です。

私はバヌアツの首都ポートビラの渋滞がひどいこと、それを解消するために新しい都市計画案を作成し、政府要人に実現を訴えたことを報告させていただきました。

バヌアツの日常生活についても触れました。「バヌアツの刑務所では土日になると刑務官は休みになるので、受刑者も帰宅が許され、月曜日には再び全員が刑務所に戻ってきます」とお話しすると、両陛下はほほ笑まれておられました。

「私の故郷栗山町は夕張市の隣です」と申し上げたところ、皇后陛下は興味をもたれ、最近の夕張の様子について、ご下問がありました。私は「藤倉肇市長（当時）を中心に、財政再建に取り組んでいます」とお答えしました。皇后陛下は、夕張が全国唯一の財政再生団体で、高齢化が進んで人口も減り、住民は高い負担とサービス低下に苦しんでいることをご存じだったのだと思います。国民のことをいつも気遣っておられるのだと深く感動しました。

両陛下とお話しするなど想像もできないことでした。その夜は、東京の義兄の家に泊まりましたが、テーブルにはたくさんの料理が並べられていました。大ごとです！義兄は「私の親族で両陛下にお会いし、お話ししたのは孝太郎君だけだ。私たちにとって大変な誉れだ」と言ってくれました。

第2部

バヌアツ再訪～73歳の暴走～

1 再びバヌアツへ

逆風にあらがって

町長選落選の屈辱をバネにして少しずつでも前進しようと、2年間、バヌアツのために必死に頑張ってきたつもりでしたが、2009年春に帰国して4年が過ぎても、悔しさがよみがえり、まだ心は癒えていませんでした。振り返ると、努力がまだまだ足りなかったのかもしれません。ポートビラの中心市街地の渋滞を具体的に解決していないし、剣道ではもっと多くのバヌアツ人青年を指導したかった。満足した気でいましたが、今になってみると全力を出し切れなかった思いが残り、もんもんとして気が晴れませんでした。

その半面、バヌアツでのボランティアには「人の役に立ち、喜ばれている」という実感がありました。日本では第一線を退いていても、バヌアツでは私の知識は「日本の最先端」であり、感謝され、尊敬さえしてもらえました。

私は既に古希を過ぎていましたが、幸いまだ気力も体力もあります。「悩むよりも、もう一度バヌアツへ行き、必死にボランティアをして悔しさを乗り越えよう。バヌアツに役立つ仕事をして喜ばれ、充実した人生を歩もう！」と考えるようになりました。

バヌアツが私のボランティアを喜んでくれるかどうかはあまり考えませんでした。「まず行くんだ。道はひらける。私はきっとバヌアツの役に立てるはずだ」という強い自信がありました。思いは日に日に強まり、やがて不退転の決意へと固まっていったのです。

しかし、周りの人たちは私を翻意させようとしました。

「もう年なのだから、孫の世話をしながら余生を楽しく過ごしたら？」

「その年齢で本当にバヌアツの役に立てるのかい？」

「病気になったらどうするんだ。外国だから誰もお前を助けてくれないぞ」

ついには「お前のやっていることは道楽だよ」と、長年の友人にまで言われてしまいました。いいことをしているつもりなのに、「道楽」と見られているのは心外で、腹が立ちました。

「私のやっていることは挑戦だ」と言うと、妻は「お父さんのやっていることは挑戦ではなく〝暴走〟だよ」とばっさり。そう言われると、変に納得してしまいました。

周りの人たちが私を引き留める最大の理由は年齢でした。けれども私は理想を持っています。高齢者だからという理由で〝暴走〟を諦めるわけにはいきません。

私が愛唱する、米国の詩人サムエル・ウルマンの「青春」という詩に

「ときには、20歳の青年よりも60歳の人に青春がある」

「年を重ねただけで人は老いない。理想を失うときに初めて老いる」
という一節があります。この言葉は大いに勇気を与えてくれました。

支援を力に挑戦開始

私はＪＩＣＡのシニアボランティアを希望しましたが、69歳という年齢制限があり、諦めるしかありません。残された道は個人ボランティアでした。そうなると、まず必要なのはお金です。当時、私は北広島市内の幼稚園で働いていたので、その給料を資金の一部として蓄えました。次いで妻に「私がバヌアツにいる間、家計が楽になる分のお金を自分に回してくれないか？」とお願いしました。妻は必ずしも私のバヌアツ行きには賛成していませんでしたが、応じてくれたので助かりました。

もう一人、思いがけない支援者に恵まれました。50年来の畏友《いゆう》で札幌の建設コンサルタント会社の元社長・渡辺崇彦さんです。私は挫折したときや、何かうまく行ったときに、よく彼のもとを訪ねました。発想のスケールが大きい人で、30代のころ、モンゴルの草原で草をはむ無数の馬を見て「この馬の尻尾を使って高級バッグを作ったら、モンゴルの人たちも助かるし、私も助かる」と思ったそうです。話を聞いた私は、どこまでも広がる大平原を疾駆する馬を想像して心躍

勤めていた北広島市内の幼稚園

りました。上海に支店を開設したり、東日本大震災では東北にパソコン100台を寄付したりと思い切った行動をする人で、話をするだけで勇気をもらえます。

今回も「思いを聞いてもらいたい」と訪問しました。周りの人たちに猛反対され、四面楚歌《そか》だった私は、誰かに自分の決意を理解してもらいたかったのです。「開発途上国でボランティアに打ち込めるのは、体が健康な今しかない。これが生涯最後の挑戦となるでしょう」と、切実な思いを語りました。

私の話にじっと耳を傾けていた渡辺さんは「川口さんの熱意に心動かされました。この年齢になると、残された人生をどうやって精いっぱい生き抜くかが重要です。滞在費の一部を応援しますから、お金のことは心配しないで、バヌアツのために思う存分働いてきてください」と言ってくれました。

真剣に向き合っていると思いがけないことが起こるものです。「地獄に仏」と、渡辺さんに心から感謝しました。

もう一つ気になることがありました。今回は個人資格でのボランティアなので、日本人として私が身を寄せる場所はありません。そのうえ高齢で、いつ何時、体調を崩すなどしてバヌアツにあるＪＩＣＡの現地事務所に迷惑を掛けるかもしれません。ごあいさつに行かなければと思っていましたが、現在の事務所に知っている人がいません。ＪＩＣＡボランティア時代に所長だった中村俊男さんに所長の守屋勉さん（当時）への紹介をお願いすると、快く引き受けてくれました。中村さんは、私のボランティア時代の活動も伝えてくれたようです。

後にバヌアツで守屋さんにお会いして分かったのですが、室蘭市出身でご家族は札幌にお住まいとのこと。それを聞き、失礼ながら10年来の知己のごとき親しみを感じたものです。穏やかな包容力のある方で、私のとりとめない話にも耳を傾けてくれました。以来、月に1度お会いして、よもやま話をさせていただくようになりました。

こうして資金にめどがつき、現地事務所の所長さんも紹介してもらえました。ようやく計画のスタートです。さあ〝暴走〟にお付き合いください。

ボランティア先探し

日本国が身元引受人で、資金も国から支給されるＪＩＣＡのボランティアと違い、個人資格でのボランティアは一から自分でやらなくてはなりません。次の課題は、ボランティアを引き受けてくれる場所と1年間のビザの取得です。

何か思い切ったことをするとき、私は自分の弱さを十分知っているので、実行すべきことを公言し、退路を断つことにしています。今回も「13年中にバヌアツへ行き、個人の資格でボランティアをする」と宣言しました。同年3月に北広島市内の幼稚園を退職し、年内にバヌアツへ渡るとなると時間はありません。ボランティアする場所を早急に決めなければなりません。

最初に連絡をとったのは、ＪＩＣＡボランティアのときに都市計画アドバイザーとして2年間勤めた内務省でした。また、私は江別市に住んでいますが、勤務の関係から北広島市のロータリークラブの会員だったので、首都ポートビラのロータリークラブ、そして札幌学院大学で07年から客員教授をしていたのでポートビラにある南太平洋大学にも連絡を取りました。しかし、どこからも色よい返事はありませんでした。

志はあります。役に立つ自信もあります。しかし、高齢であることや身元引受人のいないことが事態を難しくしているのかもしれないと考え、悩みました。メールではらちが明かないし、こちらの熱い思いは伝わりません。時間もどんどん過ぎていきます。こうなったら行動あるのみです。往復の旅費や滞在費を考えるとためらいもありましたが、思い切って予備調査のため13年6月末から1カ月半、バヌアツへ渡りました。

ポートビラの空港にはエリザベートのお父さんのウィルフレッドが迎えに来る約束でしたが、誰も来ていません。ひがみかもしれませんが「年寄りのボランティアはあまり期待されていないな」と思わずにはいられませんでした。彼は、私が今日ポートビラに到着することを忘れていたのです。

滞在中はポートビラ郊外の浅利邸に宿泊しますが、電気なし、水道なし。夜は7時ごろ眠り、太陽が昇ると起きる生活となります。早速、行動開始です。最初に内務省へあいさつに行きました。同僚だったジェフリーにバヌアツに来た目的を話しましたが、どうも私の要望は実現が難しいようでした。ポートビラのロータリーや南太平洋大学も同じです。

一番期待していた内務省がだめだったので、ポートビラ市役所一本に絞りました。市役所とのつながりは、ウィルフレッドと市の総務部長が彼と同じ島の出身というだけでしたが、厚かましく総務部長に会い、ルーベン・アウル市長との面談を申し入れました。総務部長は「いいですよ。時間日時は市長の都合がよいときに」と言うだけで、何日待っても日程を連絡してくれません。時間の余裕がなく焦りを募らせた私は、総務部長に市長との面談を再三お願いしました。ようやく要望がかなったのは到着から10日後のことでした。

私は必死でした。皆にバヌアツ行きを公言し、退路はすでに断っています。何としても市長アドバイザーにならなくてはなりません。「もしダメだったら」と考える余裕などありませんでした。この面談が最大の山場だったのです。

侍の気概で面談

とうとうその日が来ました。市長は30代、身長170センチほど。骨太のがっしりした体格で眼光鋭く、声は低く、威厳がありました。彼のオーラに圧倒されながらも「私は日本の侍だ」と自分に言い聞かせ、落ち着いて話をするよう心がけました。

私は市長の迫力に負けないよう、しっかりと目を見ながら、自分のセールスポイントを精いっぱい訴えました。

「日本の栗山町の町長として8年間、先進的な行政に取り組み、厳しい体験もたくさんしてきました。人生経験も豊富なので、必ず市長に貢献できる自信があります。また、JICAのシニアボランティアとして内務省で都市計画アドバイザーを務め、ポートビラの都市計画案を作成した実績もあります。計画作成にあたり、現地をくまなく歩き、いろいろな分野の人たちとも議論し、ポートビラの良いところも問題点も熟知しているつもりです。高齢ですが、見ての通り健康そのもので、病気になったこともありません。必ずポートビラ市の役に立つと思いますので、市長アドバイザーとして使っていただきたい！」

私は市長の鋭い視線を忘れられません。私が話している間、彼はずっと私をにらみつけており、まるで観察されているようでした。

そして質問がありました。

「内務省の都市計画アドバイザーはいつごろのことですか？　どのようなアドバイスをしたのですか？」——意外と穏やかな口調でした。

「07〜09年の2年間です。現在、ポートビラ市内で交通渋滞が起きている原因の一つは、環状線の一部が出来上がっていないことです。早く完成させるべきです。効果の高い投資だと思います」と答えました。

数日後、熱意が通じたのでしょうか、市長アドバイザーとして働けることになり、契約を結ぶことができました。もちろん無給です。採用決定で「日本へ帰れる」とほっとしました。ようやくボランティアの第一歩を踏み出せるのです。

何とか長期ビザも取得できました。今回は予備調査のつもりだったのですが、7月下旬に市長アドバイザーとして契約すると、その日から仕事が与えられました。ただ、市役所の職員たちは

「老人にどれだけの仕事ができるのか」と様子見していて、やりづらい感じでした。「どこの馬の骨か分からない年寄りがやって来て、何を言っているんだ」と思っていたことでしょう。無理のないことかもしれません。

今回は1年間という短期間なので、できるだけ早く市に溶け込まなければなりません。職員の名前を覚えること、朝夕のあいさつをすることから始めました。困ったことに私の席がなかなか決まらず、会議室だったり、ようやく決まっても部屋の鍵がなくて入室できなかったりと不便でした。市が私に期待するのはその程度かと思い、腹が立ちましたが、「俺の実力を見せてやる。必ず市に役立つ仕事をしてみせてやる」と自らを奮い立たせました。

市長から与えられた最初の仕事は、開発許可申請の現地調査で使うレーザー距離計を日本から購入することでした。インターネットからカタログをコピーして市長に製品を決めてもらい、メーカーとメールで連絡を取りながら購入しました。私にはそう難しいことではありませんでしたが、バヌアツの人たちにとっては言葉の問題や支払い方法などで面倒な仕事なのでしょう。

予備調査期間中の仕事はそれくらいでしたが、最大の目的だった働く場所の確保と長期ビザの取得はすんだので、1年間滞在する準備のため、いったん帰国することにしました。

1年間の住まい

ポートビラ郊外のエタス地区は奥地で、都心からバスで30分以上かかる不便な場所です。日本に留学したエリザベートの両親が住んでいますが、留学を世話した浅利さんは、両親の家の隣に栗山の人がバヌアツを訪問したときの無料宿泊施設として日本式の住宅を建てました。生活費も厳しいので、1年間ここを拠点に活動できるよう浅利さんにお願いし、了解を得ていました。

しかし、暮らしてみると厳しいものでした。電気がないので家電は一切ありません。インターネットも利用できません。水道がないので大きな雨水タンクから飲料水、炊事、洗濯、シャワー、トイレ用の水を何回も運ばなければなりません。水道のありがたみがよく分かりました。ベッドルームの衣装棚を開けると、胴体が5センチ近くもある大きなクモがいてびっくりしました。追い出そうとしましたが、いったん逃げてもまた戻ってくるので、諦めて一緒に暮らすことにしました。

そんな問題はあったものの、予備調査のため1カ月エタスに住みこみ、すっかり魅了されてしまいました。エタスの大自然、夜空の大パノラマは格別です。

大自然に囲まれたエタスの人たちの暮らしには信仰が息づいています。お寺が日常生活に溶け込んでいた昔の日本のようです。週末には大人も青年も子どもたちも視界から消えてしまいます。

みな教会に出かけているのです。さらに青年たちは礼拝の後、教会で聖書研究をしているので一日中教会にいるそうです。

エリザベートも日本への留学が決まったとき「私はいつも神様に日本へ行けるようお願いしていました。私の願いを聞き入れてくれたので神様に感謝しました」と話していたことを思い出しました。バヌアツ人の生活の中心にはキリスト教があるのです。

エタスでの暮らしを続けたい気持ちは強かったのですが、私にとって一番重要なのはインターネットで日本とつながっていることでした。エタスではそれがかなわないので、市街地へ引っ越すことにしました。ポートビラの、その名も「ビバリーヒルズ」という地区で、電気、水道、シャワー、水洗トイレがあり、バスの便もよく、文化的生活ができます。

その後、市内のバス停でエタスの人に会うと「エタスの暮らしはどうだい？」と聞かれ、返答に困ることがしばしばありました。エタスの人は仲間意識が強いのですが、私を仲間と認めてくれたのでしょうか。本当に優しい人が多いのです。

2 ボランティアのスタート

信頼を得たい！

ボランティアとして働けることにはなりましたが、市長にしてみれば、日本から来た老人に「ポートビラ市の役に立ちたい」と突然言われて、面食らったのではないでしょうか。

身元引受人のない高齢者がボランティアしたいと望んでも、年齢が年齢なので、病気で倒れたら面倒だけを引き受けることになってしまいます。JICAボランティアなら日本国がそれなりに優秀な人材を送り込んできますが、個人だとどれだけの力量があるのか全く分かりません。無給とはいえ、よく私を市長アドバイザーとして採用してくれたものだと感謝しています。

そんなわけなので、市の職員が「変な老人が転がり込んできた」と思っても不思議ではありません。職員は私に対し、日本で首長を8年間やっていたという経歴から少々の敬意はあるものの、軽侮も入り交じった複雑な気持ちだったことでしょう。JICAボランティアのときは専任の職員が私の仕事を補助してくれましたが、個人の場合、そんな人はいません。「仕事はしてよし、しなくてよし」ということで、ふらふら浮いている感じでした。

昼食に招いてくれた市職員たち

私は1年間という短期間で成果を上げる必要があります。そのためには、一日も早く職場に溶け込み、市の一番の問題は何か、解決するには何をすればよいかを見いだし、提案していかなければなりません。

とにかく、私をサポートしてくれる仲間が欲しかった。彼らの信頼が欲しかった。今の私にはJICAのような強いバックがありません。七十数年におよぶ人生経験を積んだ裸の自分しかいません。彼らの信頼を得なければ、何事も前には進めないのです。

まず職員の名前を覚える、朝夕のあいさつを欠かさないといった地道な努力を重ねました。自分がどんな人間か知ってもらおうと、職員とカバを酌み交わしたり、昼食をともにしたりして、接する機会を多くもつようにしました。日本のことを説明したり、職場や家族のことを話題にしたりして、積極的に言葉を交わすよう心がけたのです。そうしているうちにわずかながらでもコミュニケーションが取れるようになってきました。仕事を手伝ってほしいと頼まれたり、パーティーに呼ばれたりと、少しずつ仲間に加えてくれるようになったのです。しかし、私の仕事ぶりを認めてもらったと実感することは、まだまだできませんでした。

ＪＩＣＡボランティアのとき、私はバヌアツ人を外国人としてしか見ていませんでした。そして、彼らより高度の専門技術を持っているとうぬぼれ、彼らを見下すところがありました。しかし、今回はそんな思い上がった気持ちでは信頼を得ることはできません。信頼がなければボランティアは不可能です。

私とバヌアツ人との真剣勝負です。職員の中に飛び込み、仲間に入れてもらわなければなりません。私は焦っていました。

すべきことは何か

バヌアツのために一番役立つ仕事とは？

バヌアツは開発途上国なので、これからインフラ整備の時代に入ります。私の剣道の愛弟子であるマルコムとキキもそのような時代が来ることを肌で感じていたのか、土木技師を志して四年制大学へ国費留学しました。これからは建設業の時代。それを担う人材の育成に力を入れたいと思っていました。

しかし、建設業といっても、バヌアツでは個人住宅を建てる企業があるぐらいで、土木関係は皆無です。これだけインフラ事業が多いのに、なぜ建設業が育たないのか？　中国、日本、オーストラリア、ニュージーランドなどの無償援助事業も数多くあるのに、どうして建設業が伸びていかないのか？

たまたま中国の無償援助事業を見かけると、資材、建設機械、作業員まで自国から連れてきていました。これではインフラは残りますが、建設による経済効果は全然バヌアツに浸透しませんし、建設技術も残りません。

首相府の幹部職員に「援助事業の一部をバヌアツの企業に委託できないのか？」と持ちかけてみました。ほんの一部でも、バヌアツの企業が担える簡単な仕事があるはず。仕事を通して企業を育成できないのか？　それが私の素朴な疑問であり、願いでした。しかし、仕事をしてくれる援助国に対して、バヌアツとしては、なかなかそこまで要求できないようでした。

本来であれば「魚を与えるのではなく、漁の仕方を教える」というボランティアの基本的な姿勢を尊重すべきでしょう。一時の収入ではなく、安定した収入を得る手段を教えることこそ大切なのです。

しかし、これは政治的な課題で、私のように短期間で仕事をしなければならないボランティアにとっては大きすぎる問題です。

私の思いは振り出しに戻ってしまいました。

再び、限られた時間の中で何をなすべきか？

バヌアツはタックスヘイブン（租税回避地）です。低税率や税免除を利用して外国企業を誘致することで、バヌアツ人の働き口を増やし、失業による社会不安を解消するのが狙いですが、その分収入は少なく、財政は厳しい状態です。そこで私は、栗山町長時代に一番力を入れ、自信のあった財政再建に取り組むことにしました。

また、ＪＩＣＡボランティアのころから、ポートビラ市中心部の交通渋滞が深刻な状態となっていたので、渋滞対策にも取り組むことにしました。もちろん、ポートビラ市からの要請があれば、これら以外の課題も手がけることになります。

英語ができなければ人ではない

バヌアツはイギリスとフランスの植民地だった歴史的な背景があり、英語、フランス語、ビスラマ語（現地語）が公用語です。しかしそれは建前で、日常生活はビスラマ語、国会の論議もバヌアツ人の会議でもビスラマ語が使われています。ただ、外国人を含む会議は英語が主流です。

ＪＩＣＡのシニアボランティアのときは英語を使わず、2年間ビスラマ語で押し通しました。日常会話なら大丈夫でしたが、専門的な仕事の話になると自分の考えていることを伝えるのは難しいものでした。その後、帰国してからビスラマ語を話す機会が全くなく、恥ずかしながら、すっかり忘れてしまいました。

今回のボランティアは1年間なので、ビスラマ語を勉強し直す余裕はなく、より伝えやすい英語にせざるを得ませんでした。では、その実力はというと、専門用語こそけっこう覚えているものの、ヒアリングは苦手、話すのはほどほどという程度です。

苦い経験もしました。ボランティアの予備調査でバヌアツを訪れたときのこと。市長アドバイザーとして1年間の契約を結びましたが、ビザを取るための内務省、外務省の手続きが残っていました。複雑な話になると英語に自信がなかったので、特に考えもなしに、ポートビラ市役所で同室だった職員のフランクに手伝ってもらいました。それが間違いでした。彼は「この老人は大したことない」と思ったのでしょう。そのとき以来、素っ気ない態度を取るようになり、どうも私を軽んじているようでした。

私は内心、「技術面なら自分の方ができる」と言い訳していたものの、確かにこちらの意図を相手に伝えられなければ良い仕事ができるはずもありません。市長アドバイザーとして市職員の信頼が絶対必要だったのに、まずいことをしたと反省しましたが、手遅れでした。

そんなことがあってから、猛然と英語の勉強に取り組みました。一番の不得意はヒアリングです。日本から持って来た英語参考書の付録のCDに収録されているキング牧師やマッカーサー元帥の演説、ヘレン・ケラーの自伝などを聴き、名文を丸暗記するのです。

例えばキング牧師の有名な演説「私には夢がある」は11分半もありますが、自宅や職場との行き帰りで73回も繰り返し繰り返し聴いてすっかり覚えました。ヘレン・ケラーなら3分半の自伝を、これまた140回繰り返して聴き、すっかりそらんじられるようになりました。

体が大きく、生意気で、人を食ったような態度のフランクに相当腹が立っていたのです。「あんな男に負けてたまるか」という思いでした。しかし、彼のおかげでゆっくりとですが、確実に英語は進歩しました。それからは職員らと積極的に会話し、それなりに評価を得たと思います。猛特訓のかいがありました。

3　ポートビラ市の財政再建

プレゼンも一苦労

ある日、市役所に出勤すると、部屋が暗く、パソコンが動いていません。一時的な停電だと思っていたのですが、1時間たっても復旧しません。同僚にいつ通電するのか聞くと「今日は電気が使えない。明日もだめかもしれない。電気代が払えないから」。日本の役所では考えられないことです。コピー機も1週間使えないことがあります。使用料を払えないからです。そんなときは文具店へ行き、自腹でコピーせざるを得ません。給与の遅配もしばしばあるそうで、職員にとっては大問題です。

ポートビラ市の予算書を見せてもらいました。市の人口は約5万人（2013年）で総予算はおよそ4億円です。ちなみに栗山町は人口約1万3千人で総予算は130億円ほど（同）です。ポートビラ市の総予算があまりに少ないことが分かるでしょう。

バヌアツはタックスヘイブンで所得税、法人税、相続税がなく、税収がほとんどありません。さらに予算4億円のうち半分が人件費なので市の仕事など何もできないのです。コストカットしても浮く予算はたかがしれています。こうなったら市が事業を行い、収入を増やすしかありません。

栗山町長の時、財政再建に力を入れたので、その事例を取り上げることにし、3カ月かけて、栗山で取り組んだことや、それをもとにした提案をまとめたスライドを作りました。しかし、市役所はなかなか説明する機会を与えてくれません。

どうすればよいか、以前働いていた内務省の職員に相談しました。すると「市議会議員の選挙が最近行われたが、内務省としてウルリッチ・スムトー新市長や新人議員を対象に3日間にわたって研修会を開くので、その機会を利用しては」とアドバイスしてくれました。そこで早速、市の幹部に相談して了解を得ました。

ところが研修会の最終日になっても何の連絡もありません。しびれを切らした私は副市長に直談判しました。

「研修会でプレゼンできると聞いたから、栗山町の役場から資料を取り寄せ、3カ月もかけてプレゼン用のスライドも作ったんですよ！　ぜひやらせてください！　必ず参考になるから皆さんに聞いてほしいんです！」

すると副市長は困った顔で「内務省に話しているんだが、スケジュールに入っていない」と言うのです。さすがに腹が立ち「すぐ内務省に話をつけてください！」と強く訴えました。その剣幕に驚いたのか、副市長はすぐに掛け合ってくれ、「講師による研修の時間を割いて、コータローの時間を確保したから」と伝えてきました。ようやくプレゼンにこぎつけましたが、スムーズに話が進まないことに「まだまだ市の幹部に信頼されていないな」と残念な思いでした。

1時間ほどプレゼンしましたが、具体例を紹介したので新市長も新人議員も分かりやすかったのでしょう。真剣に聞いてくれました。話し終えると、新市長から握手を求められ、後日「スライドが欲しい」と要望されました。いろいろと大変でしたが、やりがいのある仕事でした。

三つの積極策

ウルリッチ・スムトー新市長は、ルーベン・アウル前市長と同じ30代で身長は180センチほど。スリムな体型で、知性的な印象の方です。彼は弱者対策に熱意を持っていました。目抜き通りの歩道の段差が最大で70センチもあり、車いすの人が自由に通行できないので段差を解消したり、夜道が暗くて女性の一人歩きが危険なので街路灯を設置したりするなどの事業を考えていたのです。しかし、先立つものがありませんでした。

そんなとき私のプレゼンを聞き「収入を増やすのは無理だと思ってきたが、ポートビラでもできるかもしれない！」と発奮し、スライド資料を研究したようです。その影響でしょうか、市は三つの積極策を作り、具体的に動き出したのです。驚きました。

まず、市民用の棺おけを作り、販売することにしました。作るのは市職員で大工のエリックと、アシスタントの2人。日本円で一つ1万8千円です。販売は私が帰国する直前の14年9月に始まり、なかなか好評のようでした。ポートビラ市の年間死亡者数は300人なので、大工さんたちは忙しく、市の収入も増えます。

販売窓口のリンダは、ポートビラ市ごみ処分場の責任者であるアモスの奥さんです。死亡届を受け付けているリンダは「届け出と棺おけの購入が同じ場所ででき『時間の節約になるから』と利用する人が多い」と話していました。

バヌアツの地元紙「デイリーポスト」にはこんな記事が載りました。「ポートビラ市、棺おけを売り出す。これで得た収益を市の収入に入れる。このような試みは市の歴史始まって以来のことである」

市はカバ・バーの査察も始めました。免許取得の状況を調べ、無免許営業の店からは免許税1万バツ（14年当時およそ8千円）を徴収するのです。私の同僚で普段はきまじめなウィリーが、話しながらあくびばかりしているので理由を聞くと、前日の夕方5時から深夜11時までカバ・バーを査察していたとのこと。査察した80店のうち大半が違反だったそうです。

正確な数字はつかんでいませんが、カバ・バーは市内に千店以上あるようなので相当な収入が

市の財政再建の一環として始まった市民用棺おけの製作

広告看板の設置状況を調べる市職員

得られるでしょう。この査察には新しい副市長も同行したそうで、財政再建に対する市の熱意が伝わってくるようでした。

さらに市内の国道沿いに林立する広告看板にも目をつけました。日本では当然、許可をもらって立てますが、バヌアツではほとんどが無許可です。これを調査し、敷地使用料を取ることにしたそうです。

ウィリーから「コータロー、これから無断広告の状況調査に行くので手伝ってくれないか」と頼まれました。市の新しい取り組みを見たかったので、もちろん了解です。小型トラックに調査器具を積んで5人で出発。看板の寸法や位置を調べ、道路敷地内に収まっているかどうか点検したり、看板の材質を確認したり、看板の内容が適切かどうかをチェックしたりしました。調査の様子は写真に収め、看板は設置場所が特定できるように背景を考えて撮影しました。後日、証拠とするためです。

このような積極策は市として初の取り組みでしたが、職員には好評で、みんな楽しんで働いているようでした。努力次第で市の収入を増やすことができるし、職員一人一人が知恵を絞れば、停電や給料の遅配をなくすことができるかもしれません。そう思ったらやりがいのあったことでしょう。

大胆なコストカット

ポートビラ市の財政再建には後日談があります。栗山の経験では、コストカットは町民に不評だったので、市長に強くは勧めませんでした。しかし、帰国して間もなく、思い切ったコストカットを行ったと市長がメールで伝えてきました。私は複雑な気持ちになりました。

栗山町では町長の給与を20％、職員の給与を約5％減額し、職員を3割ほど減員。保育所を民営化しました。私はこうした実例を示し、ポートビラ市にコストカットや民営化を提案していました。ポートビラ市の職員数は行政職82人、現業職65人の計147人です。現業職が多いので、民営化を進め、職員数を減らす方針を示しただけでした。

しかし、メールによると市は公衆衛生、墓地、維持管理、市場の現業4部門の民営化を進め、定数を105人に減らしたのだそうです。予想以上の大胆な合理化で驚きました。一方、市長や職員の給与カットには一切触れていなかったので、これまた驚きました。メールによるとこうしたコストカットで約4億円の市予算のうち、4千万円ほどを減額でき、市の収支状況が好転したそうです。職員数を減らすためには、最初に市長の給与をカットすべきだと思いますが、それはしていないようです。それでもあまり職員から批判が聞かれないのは、おおらかな国民性ゆえかもしれません。

4 交通問題に取り組む

渋滞解消を目指して

私はＪＩＣＡボランティアのときにポートビラ市の新しい都市計画「レインボープラン」を作りましたが、そのきっかけは市中心部の交通渋滞でした。なぜ、この程度の規模の都市で慢性的な渋滞が起きているのか、よく分かりませんでした。

考えてみるに、どうやら地形が問題のようです。海岸沿いの狭い平地に国道のリニ通りが１本だけ走り、山側は高台です。リニ通りには商業施設と官公庁が張り付いてひしめき合っています。これでは渋滞も起きるわけです。

再びバヌアツを訪れると、渋滞はさらに激しくなっていました。交通量調査をすると朝の出勤時間帯、昼食時間帯、夕方の退社時間帯がひどいようです。中心市街地に車が２００〜３００メートルもの列をなすこともあります。

首都への人口集中と観光客の増加が渋滞に拍車をかけているのでしょう。ＪＩＣＡボランティアだった08年、5万トンクラスの豪華客船がポートビラに寄航する回数はひと月に2、3回でし

慢性的に渋滞している市中心部の国道

たが、13年には週3、4回に増えていました。さらに都心に7階建てのショッピングモールの建設も予定されていました。状況はますます悪化しており、都心の機能はまひ寸前です。渋滞対策がポートビラ市の最大の課題になっていたのです。

道路を新設する資金も時間的余裕もないので、現状の道路をうまく活用して解決しなければなりません。医者が患者の症状を調べて治療法を決めるように、私たち都市計画の専門家も現場を毎日歩き、原因と対策を考えます。

ポートビラ市民からは「千台以上の小型バスが都心に進入するから渋滞が起きる」という意見が多く聞かれました。そこで市は、市街地中心部の外にバスターミナルを3カ所設け、都心からバスを閉め出す案を考えました。ところが、この案を新聞で発表したところ、反対意見が続出しました。

今までのバスはいつでも、どこでも、手を挙げると乗ることができました。市民の重要な足なのです。ところが市の案だと、市民はターミナルでしか乗降できなくなります。都心の市場でたくさん買い物をしたら、それを持って高台にあるターミナルまで100メートル強の坂を上らなければなりません。老人や女性には重労働です。この案は、市民の反対で宙に浮いてしまいました。

しかし、渋滞は放置できません。そこで、「いつでも、どこでも」というバスの利便性を損なうことのない解決案を作ることにしました。

私は、海岸沿いの国道（リニ通り）に並行して高台に市道のチャーチル・ドゴール通りが走っているので、この道路を活用することを提案しました。調査すると、リニ通りが渋滞のとき、チャーチル・ドゴール通りは閑散としていて車はあまり走っていません。今まで交通はリニ通り1本に頼っていたので渋滞になりましたが、チャーチル・ドゴール通りとリニ通りの2本で負担すれば渋滞を解決できると考えたのです。

ちょうどポートビラを訪問中の友人が交通管理の専門家だったので、現地を見ながら私の計画案を説明したところ、良い案だと賛同をもらえました。

次の難関は市長に説明し、理解してもらうことです。交通量調査を何度もし、説明用のスライドを何度も修正しましたが、なかなか理解してもらえません。帰国3日前まで調査をして市長に説明を重ねました。すると私の説明が簡単だったことに加え、熱意が通じたのか、市長は「今年の予算で調査をする」と明言してくれました。

段差をなくして輝く笑顔

市長から依頼され、市中心部の歩道段差をなくすプランの作成にも取り組みました。ポートビラで一番交通量が多いリニ通りの歩道は、高い所で車道より70センチ近くもかさ上げされていて、とても歩きにくいのです。車いすは通れないので、やむなく車道の端を通行していますが、ひっきりなしに車が向かってくるので危険です。一刻も早く解決しなければなりません。

障害者団体自ら建設資金の一部を用意して、市長に歩道段差の解消を強く陳情していました。市長自身も障害者対策には関心が強かったので、段差解消に熱心な日本の先進例に注目し、私にプラン作りを依頼してきました。

まず気になったのは、リニ通りの歩道がなぜかさ上げされたのかということです。リニ通りは崖すその一番低いところに位置しています。崖の高さは40メートル近く、高台にスコールが降ると雨水が流れ落ち、一瞬にして40～50センチも冠水してしまいます。その対策として、商店も歩道もかさ上げしなければならず、結果として不便な道ができてしまったわけです。

冠水対策で極端にかさ上げされた歩道

さっそく、調査にかからなければなりませんが、いつもの通り図面なし、測量器具なし、助手なしです。途上国での仕事がないないづくしなのはよく分かっていましたが、設計図面をどうやって作ろうかと悩みました。結局、設計箇所ごとに写真を撮ってパソコンに取り込み、輪郭をなぞって設計図面に仕立て上げました。

実際の調査にはどうしても助手が必要です。そこで市職員に助手をお願いしましたが、「手伝いは私たちの本来業務ではない。好意でしてあげるのだから、コータローはわれわれにカバか、昼食をおごるべきだ」と思っているようです。やむをえない出費と思い、中国レストランで昼食をおごったりしました。しかし、懐事情が厳しい中、そう頻繁におごるわけにもいかず、一人で仕事をすることも多々ありました。

一人で仕事をすればしたで別の問題が起きました。設計の難しい箇所があり、ある店の前を行ったり来たりして考え込み、1時間以上その場にいたことがあります。店の主人がうさんくさい人物を見るような顔でこちらを見ていました。私が市の関係者ということが分からないので無理もないのですが……。日本の場合、こうした調査の前には地先の人に説明しますが、バヌアツでは公的機関が威張っているのでしょうか、説明会などは、はなから考えていないようでした。

なんとか現地調査を済ませ、設計に取りかかりました。ただ、この種の仕事は想定していなかったので、車いすの車路の幅や勾配などを決めた設計マニュアルを日本から持参していません。若い技術者なら、インターネットで簡単に設計マニュアルを見つけるのでしょうが、パソコンに詳しくない私はちょっと手間取りました。なんとか日本のある自治体の設計マニュアルをインターネット経由で入手できました。

仕事は簡単で、現在ある歩道と車道の段差にコンクリートを敷いてスロープにし、車いすを使えるようにするというものです。工事に際して、プロジェクトのニックネームを市民から公募して事業をPRすることと、地先の協力をもらうために説明会を開くこともアドバイスしました。

苦労の多い仕事でしたが、感動もありました。現地調査のときに、介助してもらいながら買い物をする車いすの少女に出会いました。数日後、また同じ少女に会ったので私は思わず声をかけました。

「近いうちに歩道の段差がなくなり、楽しくショッピングできるようになるよ！」

するとさびしげに見えた少女の顔が喜びでパッと輝き「ありがとう」と言ってくれました。バヌアツで重ねた苦労がいっぺんに吹き飛びました。

日本で「個人ボランティアをする」と言えば「道楽だ」と中傷され、バヌアツに来たら来たで「老人がどれだけの仕事ができるのだ」といぶかしげに見られました。日本でもバヌアツでも私の行動は理解されず、一番悩んでいたころでした。そんなとき、「ありがとう」と言ってくれる人に出会ったのです。「本当にボランティアをしてよかった」と目頭が熱くなり、心が癒された瞬間でした。それ以来、苦しんでいるときには、あの少女を思い出すことにしています。

5 友人のバヌアツ訪問

心強いサポート

個人ボランティアを始めて9カ月目のこと。はるばる日本から北広島ロータリークラブの3人と大学の後輩3人の二つのグループがそれぞれ私を励ましに来てくれました。日本語を話す機会が少なかったので、友人の滞在期間中は朝から晩までたっぷり日本語に浸ることができました。

ロータリーの3人は、オーストラリアで開かれたロータリーの国際会議の帰路に立ち寄ってくれました。メンバーは内科医の斎藤洌《きよし》さん、歯科医の大谷恵一さん、神主の菊池重敏さんです。

私はロータリーの皆さんの到着を心待ちにしていました。3人に会える喜びに加え、妻からの荷物を運んできてくれるからです。

「川口さんの荷物、重くてまいったよ！」

私を見るなり、そう声を上げた大谷先生が運んできてくれたのは、食べたくて食べたくてたまらなかった梅干し、納豆、インスタントのみそ汁やラーメンといった日本の食品でした。日本か

市長に北広島医師会からの寄付金を手渡す斎藤先生

らオーストラリアを経由してバヌアツまで担いできてくれたのです。両手いっぱいに荷物を抱えて自宅へ帰った私は、翌朝、早速インスタントのおかゆを作り、すっぱい梅を頬張りつつ、一口一口味わっていただきました。まさに至福のとき！

3人は3泊4日の慌ただしい訪問です。バヌアツのおおよその姿を知ってもらおうと、ポートビラ市のあるエファテ本島の一周旅行に誘いました。幹の周囲が10メートル近い大木がそびえる林の中を歩いたり、果物やジュースを味わいながらコバルトブルーの湖を眺めたりして、日本では味わえないのんびりとした時間を過ごしました。

しめくくりは、やはりカバ・バーへ。3人はバヌアツ人を見習って、一気にカバを飲み干していました。口に合わないようで、渋い顔をしながらでしたが。

ホテルでも、ワインを飲みつつ、よもやま話に花を咲かせました。3人は「バヌアツは自然がいっぱいで、水や空気もおいしく、住民はみな素朴だね。先進国の人たちがやって来て、荒らしたりしないでほしいなあ」と口々に言いましたが、私も全く同感です。ただ、バヌアツにも先進国並みの便利な生活を望む人がいます。私たちの思いは、先進国の人間のわがままなのかもしれません。

今回の訪問で、斎藤先生には大事な仕事がありました。北広島医師会からの寄付金をポートビラ市に届けたのです。市長は「市内の各地区にある診療所で薬や医療器具が不足しているのでありがたい。さっそく使わせてもらいます」と大いに感謝していました。日本からは表敬訪問はおろか寄付もめったにないことなので、市長をはじめ市議会議員の皆さんからとても喜ばれたのです。

不器用な私がボランティアで苦労していると思ったのでしょう。市への寄付は、私を応援するための、斎藤先生の心遣いでもあったと思います。市役所の皆さんも「コータローの友達が、不足している医薬品を買うお金をくれた。ありがとう！」と言ってくれました。一人きりで頑張っている私にとって、どれほど心強いことだったでしょう。

うれしい励まし

北広島の3人が帰国して2週間後に、大学の後輩で今回のボランティアの資金提供を申し出てくれた渡辺崇彦さん、渡辺さんの親友の清水宏さん、東京の橋梁コンサルタント会社に勤めていた堀江清一さんが訪ねてきてくれました。

前回同様、エファテ本島一周のバス旅行に連れ出しました。3人はバヌアツのような自然だけが売りの観光地は初めてだったと思います。訪ねたところはどこもがらがらで驚いていました。考えようによっては、どこも全てわれわれ4人だけのもので、ぜいたくといえるかもしれません。

運転手とガイドを務めるのは知人のジョエルです。メラネシアンホテルが経営するツアー会社のバス運転手から独立して、今は自分で会社を経営しています。彼は「バヌアツの郷土料理が食べたい」という私たちを自宅での夕食に招き、ラップラップを振る舞ってくれました。ジョエル家は20人の大家族で、3人はにぎやかな夕食を楽しみました。

翌日はバヌアツらしい観光地を見てもらおうと、エファテ本島北西部にあるモソ島へ行きました。海底が見えるほど透き通った静かな海を小型帆船「バヌアツの貴婦人」号で1時間。島には白い砂浜が広がり、シュノーケルで海中散策を楽しんだり、寝そべって背中を焼いたり、静かな海で熱帯魚とたわむれたりと、人々は思い思いに楽しんでいます。まさに日常から解き放たれた

バヌアツを訪れた後輩たちとゴルフ

ジョエル宅で振る舞ってくれたラップラップ

新世界でした。

その後、ポートビラに戻った私たちは、メラネシアンホテル前の中国料理店で夕食を楽しみながら、モソ島の印象を語り合いました。有名な観光地を経験している3人にとって、何もない島は退屈だったのではないかと心配でしたが、堀江さんが「日本では電話も通じないビーチで過ごすなんて考えられない。つかの間の楽園に浸れ、離れるときは名残惜しかったですよ」と言ってくれたので安心しました。

やがてボランティアの話題となり、私は「職員からの信頼を得なければと努力したものの、なかなかうまくいかないんですよ」と悩みを打ち明けました。すると渡辺さんは「北海道新聞のコラム（当時連載していた「73歳のバヌアツ便り」）を毎回読ませてもらっています。その年齢なら退職して孫の世話をしながら余生を楽しむのが普通でしょう。なのに、誰一人として知る人のいない途上国でボランティアとして奮闘する川口さんを見て、私もまだ頑張れると思いました」と言ってくれました。そして「川口さんの活躍を見ていると、われわれ70代に『青春を取り戻そう』とメッセージを送ってくれている気がして、力がわきます。私たちのためにも、ますます頑張ってください」と励ましてくれました。

友人たちのおかげで自分は孤独ではないと実感でき、頑張ろうと気合が入りました。そして、私は次の課題に元気よく取り組み始めたのです。

6 中古ごみ収集車の寄贈

求む！ 収集車

ポートビラでは、ごみの収集が大きな問題になっていました。人口5万人の街なのに、収集車が3台しかなかったのです。人口が同規模の日本の街では7台程度はあるそうなので、いかに少ないかが分かるでしょう。

ポートビラではごみの収集日に大型のバケツを家の前に置いておきます。しかし収集車の故障などで予定通りに行かず、2、3日も放置されることがあります。南国ですから、猛烈な悪臭がしてウジもわきます。

自分の目で問題を見てみようと、ごみ収集車に2日間同乗してみました。収集車は1時間ほどで満杯になり、ごみの処分場へと向かいます。処分場が遠いので1日4往復しかできず、少ない量しか運搬できません。収集車3台のうち1台は16年間利用しているので故障が多く、作業に支障が出ていることも分かりました。最低でももう1台必要です。

ポートビラは、客船がオーストラリアから頻繁に来航する観光都市です。しかし、衛生環境が良いとはいえず、市長は「ごみ問題は喫緊の課題なのに」と頭を抱えていました。市の幹部会議でも毎回「収集車のうち1台を廃車にするので、どうしても代わりの収集車が必要だ。しかし購入資金がない。どうしたらいいのか」と堂々巡りに陥っていました。

そうしているうちに、とうとう私にお鉢が回ってきました。「中古でもよいから収集車を日本から調達できないか」というのです。難しい要望でしたが、どうしても実現しなければなりません。全力を傾ける覚悟を決め、早速親しくしていた日本の首長さんや企業の経営者にお願いしました。しかし、色よい返事は得られませんでした。

「便り」が縁で寄贈が実現

私は当時、北海道新聞に連載していたコラム「73歳のバヌアツ便り」で、この状況を何とか改善したいと呼びかけました。

「収集車を購入できればいいのですが、財政難でかないません。そこで、北海道の皆さまにお願いがあります。中古車でいいので、収集車や中型トラックを寄贈いただける方がいらっしゃいましたら、ご協力いただけないでしょうか。バヌアツでは『日本はすばらしい国』という印象が強いです。ぜひ、力を貸してください。お願いします」

すると清掃会社「富良野浄化工業」社長の福岡栄一さんが提供を申し出てくれました。知らせを聞いた私はうれしくて、すぐに福岡さんに電話し「私の知り合いにあちこち当たりましたが、全てだめだったんです。本当にありがとうございます」と謝意を伝えると、福岡さんは「ちょうど買い替えの時期だったので。少し古いから故障しないか心配だけど、喜んでもらえるのなら」と言ってくれました。

ポートビラ市長に伝えると「コータロー、それ本当かい！　私が市長のときに大きな課題を解決できてうれしい！」と大喜びして、握手を求めてきました。

同じコラムを見た北広島市の自動車販売会社「カークラフト」社長の長嶋修一さんも協力を申し出てくれたので、輸出の手続きをお願いしたところ「そうした手続きは初めてですが、勉強も兼ねてやってみましょう」と快くボランティアで引き受けてくれました。

外国からの助けを求める声に、手を挙げて応えてくれる人がいる——。バヌアツの地で私は「日本人はすごい」と、感謝とともに誇らしい気持ちになりました。

輸送費で一騒動

ごみ収集車を運搬する費用はポートビラ市で持つのが条件でした。市に余分なお金はないので、毎日の収入を蓄えて約100万円を捻出し、輸出の手続きを担当してくれるカークラフト社に振り込まなければなりません。お金が振り込まれない限り、車は来ないのです。

ところが約束の日が来ても振り込む様子がありません。もう我慢できなくなった私は市長に直接訴えました。

「市長！　私は副市長に輸送費を支払うよう何回も話しました。副市長はそのつど『来週のいついつ』と返事をするのに、その日が来ると『今日は財務に現金がないのでもう少し待ってくれ』と言うばかり。全然話が進みません！」

すると市長は「副市長は何を考えているんだ。ごみ問題は市で一番の懸案事項だ。ようやく収集車が手に入ることになったのに……。すぐ副市長を呼んでお金を振り込むように言うから」と困惑した様子です。副市長は40代後半なので、若い市長は遠慮している様子でした。ことの重要性を知ってもらうため、私はさらに語気を強めました。

「日本の新聞を通して、日本人の厚意で収集車を寄贈してもらうまでこぎ着けたのですよ！　こんな状態が続けば、この話はなかったことになってしまいます！　それでもいいのですか！」

市長は差し迫った話と理解したようです。私の怒りをしずめるように「コータロー、心配をかけてすまない。すぐ振り込むよう副市長に指示するから」と申し訳なさそうな顔で言いました。そんなもめ事の末に何とか輸送費が支払われることになったのです。

後に財務担当者に聞くと「副市長は、100万円という大金を振り込んでも、コータローが架空口座を作って着服するのではないかと心配していた」そうです。信頼されていないのは残念でしたが、100万円はバヌアツにとって大金です。警戒するのもやむを得ないかもしれません。

輸送費の問題だけでなく、私にとって輸入業務は初めての経験だったので大変でした。収集車は港に到着したものの、荷受人を証明する船荷証券がないとか、インボイス（送り状）がないとか、検疫業務に時間がかかるとかで、車は港に5日間も置かれたままでした。早く市役所に持ち込んで皆の喜ぶ顔が見たかったので、じりじりさせられました。

走り出せ！ フクオカ号

ごみ収集車の鍵の引き渡し式は私が帰国する3週間前の10月3日に行われました。総務担当のウィリーから「車に名前を付けたい」と相談があったので、寄贈者の名前にちなみ、私とウィリーで「フクオカ号」と命名しました。

式はバヌアツの伝統的な作法にのっとって厳かに行われ、市長、副市長と私の3人で杯のカバに口をつけて残りを地面にまきました。そして参列した市議会議員の前で、私から市長に鍵を手渡したのです。

「フクオカ号」をバックに行われた鍵の引き渡し式

市長、市議会議員、担当の市職員の喜びは大変なものでした。みんなから口々に「コータローありがとう」と感謝され、私は、バヌアツの人々に喜ばれる仕事がようやくできたのだと充実感に浸っていました。

大変うれしいハプニングもありました。JICA所長の守屋さんが出席してくれたのです。通常、JICA所長は、個人が寄贈した物品を引き渡す式には出席しないのですが、同じ北海道出身のよしみで参加してくれ、あいさつもしてくれました。

実は鍵の引き渡し式は行うかどうか決まっていませんでした。私としては福岡さんの厚意で寄贈していただけることになったのだから、引き渡し式を実施してほしいと願っていました。それが福岡さんに礼を尽くすことだと思っていたからです。しかし、私から言い出すこともできず悩んでいました。

たまたま守屋さんと雑談しているときに、この悩みを打ち明けました。すると守屋さんは「川口さんから市長に言ってください。『引き渡し式で、JICAの守屋からもあいさつを言わせてほしい』と」。暗に市長に対し、引き渡し式を行ってほしいと言っているわけです。それを察した市長が式を行ってくれたのでは、と思っています。福岡さんに礼を尽くすことができ、守屋さんに心から感謝しました。

式を終え、いよいよ「フクオカ号」のデビューの日が来ました。ブルーの車体には鮮やかな日の丸が描かれています。バヌアツは、車は右側通行なので通常は左ハンドルですが、フクオカ号は日本車なので右ハンドルです。作業効率が気がかりでしたが、特に支障もないようです。ポートビラ市内は急な坂道が多いのでエンジン出力やブレーキが重要ですが、試乗の結果は問題なし。運転席は今まで使っていた収集車より1人分広く、エアコンも付いています。職員は「広くていいな」「涼しいのが助かる」と満足そうです。

福岡さんから寄贈の申し出をいただいてから、車が実際にポートビラで走り出すまで半年間。福岡さん、長嶋さんとは数えきれないほど電話やメールでやり取りしましたが、ともに労を惜しまず対応してくれました。お2人の善意にとても感謝しています。

日本に帰国後、ポートビラでボランティアをしている日本人から「フクオカ号を見ると誇らしく思う」とメールが来ました。フクオカ号は今日も日の丸をつけて市内を走っています。

うれしい！ うれしい！ ようやくバヌアツの役に立った！

この出来事を通して、市職員の私を見る目が変わりました。仕事を頼まれるようになり、私の言うことにも耳を傾けてくれるようになりました。「コータローに頼めば必ずやってくれる」と認めてくれたのでしょう。ボランティアがうまくいくかどうかは、こうした信頼がものをいうのですね。

一人の人間として信頼されなければボランティアはできません。バヌアツ人の生活に飛び込み、バヌアツ人に同化しなければなりません。そんな思いで悪戦苦闘した日々が、私を少しずつバヌアツ人にしてくれました。

こんなことがありました。バヌアツへ来て最初に住んだ、ポートビラ市郊外のエタス地区に、横浜市出身の日本人男性がバヌアツ人女性と結婚して小さな雑貨店を開いています。私の周りにも、魅力的なバヌアツ人女性がたくさんいます。もし私が若くて独身だったら、彼のように結婚してバヌアツに住みたいと思うようになりました。そして、そう思うようになった自分をうれしく感じました。今、私はバヌアツの人々に心を開き、バヌアツの人々も私に心を開いてくれています。ようやく頼りになるアドバイザーになれたと実感しました。

7 私のボランティア論

個人ボランティアに挑戦して

ＪＩＣＡのシニアボランティアをしていたとき、私はバヌアツの要請を実現することだけを考え、「日本がなぜ私をバヌアツへ派遣したのか？」ということまで思いが至りませんでした。しかし今回、個人の資格でボランティアをして、その違いの大きさに驚きました。

日本は資源、エネルギーの多くを海外に依存しています。そのため途上国の求めに応じて経済・技術協力を積極的に進め、その発展に貢献し、友好を深めてきました。一方、途上国は日本の貢献や友好を評価して資源やエネルギーを安定的に日本へ供給しています。日本の経済・技術協力は国益のために行われているのです。

また、ＪＩＣＡのボランティアは準外交官として振る舞うよう求められます。ＪＩＣＡの研修では「もしボランティアが相手国に不快感を与えるのなら、派遣しない方がまし」とまで言われました。ＪＩＣＡは国益のために働く組織、ＪＩＣＡのボランティアは国益のために働く人たちなのです。

派遣先は途上国なので、安全、健康、習慣や文化の違いによって生じるリスクがたくさんあります。そのため、ボランティアが仕事に集中できるよう、ＪＩＣＡは現地事務所を設置して問題解決にあたっています。ＪＩＣＡのボランティアは日本国に手厚く保護され、パスポートも緑色の公用旅券が支給されます。まさに国益を担う立場なのです。

一方、個人ボランティアには「国益のため」という大義名分はありません。「途上国の人のために役立ちたい」という個人の志だけです。国の庇護《ひご》もありません。せいぜい日本国民として、日本大使館の保護があるのみです。安全と健康はもちろん自己責任です。ボランティアをする場所と滞在に必要な長期ビザの取得は自力でこなさなくてはなりません。

では、ボランティアを受け入れるバヌアツ側から見るとどうでしょうか。ＪＩＣＡのシニアボランティアになって、初めて派遣先の内務省地方行政局を訪れたとき、アラー次長は、最初から私を全面的に受け入れてくれたようでした。ＪＩＣＡが選抜し、派遣した人物として、技術的能力や人となりまで信頼してくれたのでしょう。

個人ボランティアの場合はどうでしょう。市長アドバイザーとして採用してもらうべく、面接を受けたときのこと。精いっぱい自己ＰＲしましたが、市長は私の人となりや、どの程度の技術的能力があるのかを品定めしているようで、私のことを信頼してくれませんでした。市長アドバイザーになってからもそれは続きました。中古のごみ収集車の寄贈が決まったときも、副市長は、日本からバヌアツへの輸送費を私が着服するのではと疑っていました。これが実態です。

ＪＩＣＡと個人とでは相手の寄せる信頼が全く違います。ボランティアをする上で、この信頼が一番大切です。ＪＩＣＡのボランティアは、手厚い支援に加え、最初から信頼されており、仕事に集中できるため、精神的な余裕がありました。ところが個人ボランティアでは精神的にも金銭面でも相当な犠牲を強いられました。ボランティア先を決めるときも、メールではらちが明かず、高い旅費を払って事前にバヌアツまで足を運ばなければならなかったのです。

私は周囲の反対を振り切ってバヌアツへ来ました。なまくらな自分を奮い立たせるため「バヌアツで、必ず役に立ってみせる」と大見えを切ってきています。間違っても「できなかった」とは言えず、精神的にもきついものでした。必死の覚悟で、毎日毎日が闘いの連続でした。

高齢の方で海外ボランティアとして自分の能力を生かしたいと考えている方がいるかもしれません。海外ボランティアで一番心配なのは、身の安全と健康です。さらにボランティアをする場所を決めるのも難題です。身寄りも知り合いもない中で活動するので相当の覚悟も必要になります。なので、まずＪＩＣＡボランティアに挑戦してボランティアの何たるかを知り、その後、個人ボランティアにトライすることをお勧めします。

私の場合はＪＩＣＡのシニアボランティアを再び希望しましたが、年齢制限のため、個人ボランティアしか道はありませんでした。乗り越えるべき困難はたくさんありましたが、気力も体力も充実して「やりがいのある仕事をしたい」と毎日うずうずしていましたし、落選で受けた心の傷を克服しなければなりませんでした。そんな情熱が私の背中を押し、バヌアツ再訪へと駆り立てたのです。情熱こそ最も大切です。それさえあればさまざまな問題は突破できます。困難の連続だった個人ボランティアですが、やってよかったと思っています。「行動しなければ何も変わらない」のですから。

個人ボランティアへの挑戦で、落選の悔しさをようやく乗り越えられました。以前は「なぜ町長を辞めたの？」と聞かれても「選挙で負けた」とは恥ずかしくて答えられませんでした。しかし、今は胸を張り、相手の目を見て「故郷栗山のため一心不乱に頑張ったけれど、3期目の町長選に敗れた」と自信を持って言えるようになりました。他人の言葉や目に惑わされることなく、自主自立の精神で行動するようにもなりました。個人ボランティアは私の人生に大きな実りをもたらしてくれたと思っています。

ボランティアはさせてもらうもの

ＪＩＣＡの研修会で、ボランティア派遣の意義は「国際協力の志を持った人を開発途上国に派遣し、途上国の人々とともに生活し、異なる文化・習慣に溶け込みながら、草の根レベルで途上国の抱える課題の解決に貢献すること」と学びました。ボランティアを体験したことのない人は「異なる文化・習慣に溶け込みながら」「草の根レベルで」と聞いても、なぜそうしなければならないのか、抽象的で分からないと思います。しかし、ボランティアを体験して、その大切さがよく理解できました。

私たちボランティアはその道の専門家で、途上国の人々を指導する立場なので、知らず知らずに途上国の人々を見下しているところがあります。仕事で話し合っていても、実務経験のある私たちには当たり前でも、相手には理解できないケースが少なくありません。そんなとき《なんでこんな当たり前のことが分からないのだ！》と、いらだちが顔に出てしまったりもします。

しかし、相手は相手で《分からないからボランティアに来てもらっているのに……》。教え方が悪いのでは？》と腹の中で思っていることでしょう。

お互いに言葉も文化も違うので、どうしても誤解が生じます。だから、途上国の人々の日常生活に飛び込み、文化や習慣を学び、草の根レベルで課題を発見し、解決することが大切だと教えているのです。上から下を見るのではなく、あくまでも途上国の人々の生活目線で物事を見ることが重要です。日本にいても同じことで、このようなことが分からなかった自分を今さらながら恥ずかしく思います。

では、精神面ではどうでしょう。私はこんな経験をしました。

ポートビラ市内の海岸沿いにある公園にはコンクリート製のごみ箱が設置されていますが、いつもごみであふれているので、ごみ箱の大きさと配置を計画するよう副市長から頼まれました。しかし、いつものように図面なし、測量器具なし、助手なしです。内心は不満です。公園の平面図は、歩測で大ざっぱに作成しました。ないないづくしから仕上げたのです。設計が出来上がり、副市長に説明しようと何度も面会を求めましたが、忙しくて会えません。私としては工夫と努力で作り上げたという思いがあったので、説明する機会を与えない副市長への不満が募りました。

そんなとき「お布施」という仏教用語に出合いました。『広辞苑』では次のように解説されています。

「布施　人に物を施しめぐむこと」

お布施という言葉はボランティアにつながる言葉です。「俺はお前に恵んでやっているのだぞ。お前は俺に感謝しろ」という施しでは駄目です。「施させていただきます。受け取ってくださってありがとうございます」という施しこそ本物であり、ボランティアの神髄だと思います。そうすれば、相手も素直に喜んでくれます。大事なのは施しをする側の心のありようなのでしょう。

以来、その言葉を思い出しながらボランティアを進めるようになりました。

青年海外協力隊員の活躍と苦悩

ＪＩＣＡの青年海外協力隊員は「現地の人々とともに」をモットーに現地の人々と一体となって働いています。同じ物を食べ、同じ言葉を語り、一緒に生活し、自分の技術と技能を生かして新しい国づくりに貢献しています。

ポートビラのＪＩＣＡの事務所で青年海外協力隊員２人に出会いました。

そのうちの一人、Ｔさんは20代の女性で、看護師としてへき地の島で活躍しています。ポートビラへ出てきた際に、彼女のボランティア仲間数人と小さなレストランで食事をしました。私がビールを勧めると「飲みます！　でも以前は飲まなかったのですよ」と言うのです。「仕事から帰ってベッドにもぐりこむと、天井や壁にヤモリ、クモなどいろいろな虫が走り回っていて、時には顔に落ちてくるんです。怖くて、怖くて、アルコールなしでは眠れませんでした」

それだけではありません。彼女の住まいはマラリア蚊のいるジャングルの掘っ立て小屋。電気も水道もありません。そんな厳しい生活をしつつも住民のため、たった一人で奮闘していました。このへき地の島は無医村なので、村人は病気になれば彼女を頼ってきます。できる限りの医療を施し、心から感謝されることで、日本ではなかなか得られない仕事への満足感を得ていたそうです。それがあるからこそ厳しい環境でも頑張れるのでしょう。本当に素晴らしい日本の若者です。

もう一人のKさんも20代の女性です。バヌアツ南部のフッーナ島で魚を真空パックに密封して保存する方法を指導しています。バヌアツは周囲を海に囲まれているので水産国と思うでしょうが、そうではありません。保存の方法がないので限られた量しかとれないのです。

バヌアツは6歳から14歳までは義務教育で、教育費は原則無償としていますが、公的資金の不足から、実際には両親が費用を負担しないとなりません。島では漁以外に現金収入を得られないので、父親は島外への出稼ぎを余儀なくされます。その問題を解消するためにＪＩＣＡでは、水揚げした魚を保存し、販売して現金収入を得る方法を指導することにしたのです。

ボランティアの基本姿勢として「漁で得た魚を与えるのではなく、漁の方法を教えること」が大事です。安定した収入を得る手段を教えることこそ、大切な支援でしょう。フッーナの場合も同じです。今までのように漁で収入を得るのに加え、その魚を保存して販売することで安定した収入を増やすことができました。そうすることで教育費の確保にとどまらず、村人の生活も向上し、もっと重要なことに、父親が島外へ出稼ぎに行かなくて済むようになったのです。

彼女の活動が村人に感謝され、自宅に招かれることもあったのでしょう。「島の赤ちゃんには日本人と同じくお尻に蒙古斑《もうこはん》があるんです。こんなに遠く離れた南太平洋の島で、われわれの先祖と同じ人たちが暮らしているとは思いませんでした」と驚いた顔で話してくれました。親しい間柄でなければ知ることができないことを知っているKさんは、ボランティアというより村人になりきっているのだと感動しました。これこそ本物のボランティアです。

素晴らしい活躍をしているのはこの2人だけではありません。厳しい環境の中でも村人のために働き、尊敬と信頼を得ているボランティアはたくさんいます。しかし多くの若者が帰国してから大きな壁にぶち当たります。ボランティアのためには2年間職場を空けなければならず、多くの若者が退職せざるを得ません。貴重な体験をし、大きな夢を持って帰国しても、若者たちを受け入れ、体験を生かそうという企業が日本では少ないのです。

日本の企業が途上国で活躍する機会はこれからますます多くなるでしょう。隊員たちの泥くささ、たくましい体験が必要とされる時代が必ず来ます。みな、日本の将来の役に立つ人材です。青年海外協力隊員について「官費を使って海外旅行を楽しんでいる」と言う人もいますが、全くの誤解です。隊員たちの体験を生かすため、日本の企業は門戸を開いてほしいのです。

※19年現在、ＪＩＣＡのボランティア派遣事業は、派遣区分などが一部変更されています。

8 バヌアツ暮らしの悲喜こもごも

73歳の学び

バヌアツの家では、私は一人ぼっち。話す人はだれもいません。個人ボランティアを始めてしばらくの間、市役所では職員に観察されているようでしたし、日本人の身寄りもなく、全く孤独でした。私は自嘲気味に「バヌアツという独房にいるようだ！」と言っていました。

夜になるとヤモリの親子が壁をわがもの顔に走り回り、キィキィと鳴きます。最初はうるさいなと思っていましたが、だんだんと慣れてきて、親しみを感じるようにさえなりました。

「バヌアツのため、バヌアツのため」と心の中で繰り返しながらやってきたバヌアツでしたが、思うに任せない現実に、私は悲鳴を上げてしまいました。

「大金をかけ、皆の反対を押しきって、なぜバヌアツまで来たのか？」

自問自答の毎日で、もんもんと苦しみ悩んでいるとき、突然ひらめく言葉がありました。西郷隆盛が愛唱した人生訓「敬天愛人」です。なぜ突然思い浮かんだのか、今になってもよく分かりませんが、この言葉に私は強く引きつけられました。

「天を敬い人を愛する」。西郷の「天」の解釈は正確には推し量れないものの、私は「万物の創造主」ととらえました。キリスト教でいう「神」かもしれません。そして「敬うのは、人ではなく天である」と理解しました。

かつて陸軍大将だった西郷は、荷車を引く車夫が坂道で苦しんでいるのを見て、後ろから押してあげたそうです。陸軍大将がそんなことをしているのを人に見られたら大変だ、と心配する若い士官に、西郷は「自分は天を相手に仕事をしており、人の目は関係ない」と言い切ったと伝えられています。これは「敬天愛人」の意味がよく分かるエピソードです。

以前の私は「敬天愛人」を「天を敬い、人を愛する」と字面しか理解していませんでした。しかし今回のバヌアツ再訪で苦しんだ経験から、73歳にして、真の意味を私なりに体得できたと思っています。人は「自分に利あれば人を褒め」「自分に利なければ人の悪口を言う」ことが多いものです。そんな人の言うことをあまり気にせず、「世のため人のために何が良いのか」を無心に考えることが「天を敬う」ことだと思うようになりました。

私は今まで、日本の知人やバヌアツの人たちの評価を気にしすぎていました。そして彼らの評価に一喜一憂していました。そうではなく、世のため人のため生きるべきだと考えたのです。天は私の今回の行動をきっと喜んでくれていると思いました。それからの私は、苦しむとき、悩むとき、人の言葉に惑わされず「天ならばどのように考えるだろう」と思うようになりました。

世界で一番大切な家族

バヌアツでの暮らしは、家族を見つめ直すよい機会にもなりました。私は家族のために何をなすべきかを真剣に考えるようになったのです。

結婚して長女が生まれたときもそんなことを考えました。それまでは人生に明確な目的もなく、ふらふらと生きてきたように思います。しかし初めて長女をこの手に抱いたとき、この娘をしっかり守り、育てるのが私の使命と思うようになりました。同時に娘から見て恥ずかしくない父親にならなければならないと心に決めました。私の体の中に土性骨がすわったような感じがしたものです。

バヌアツでは、ボランティアの仕事で精いっぱいで、家族のことをじっくり考える余裕はほとんどありません。しかし、いかに忙しくても、日本から送られてきた孫娘の写真を見ると自然に家族のことが頭に浮かびました。自分の部屋で2人の娘と5人の孫のことを思うと、みんなの姿が宙に浮かんで見えるのです。この7人は私と妻の血のつながった、かけがえのない人たちなのだと強く感じました。

日本にいれば周りは全て日本人なので、そういう特異な感覚は持たなかったでしょう。家族のかけがえのなさを改めて知ったのも、家族と離れて苦労したバヌアツでの大きな収穫でした。

生活費の苦労

バヌアツでの生活にはさまざまな苦労がありましたが、中でも円安には悩まされました。JICA時代の2008年は1円がおよそ1バツでしたが、個人ボランティアの14年では0・8バツで円安が続いていました。手元に残るお金が想定を超えて減り続けるのに焦ったものです。損をしないよう、両替所を幾つか回り、レートを調べ歩きました。

当時の家計簿を見ると、生活費は月当たり5万円近くで日本とあまり変わらず、高いと感じました。缶詰などの加工品はほとんど輸入なので、どうしても物価は高くなります。それ以外に交通費、新聞代、ミネラルウォーター代は毎日かかりました。食事作りが面倒なときはちょっと気の利いたレストランで食事をし、その代わりに翌日からは節約したものです。

住居費、保険、航空運賃といった大口の出費も頭の痛いことでした。外国では医療費が高額なので保険に加入しましたが、保険料は1年半でおよそ30万円と大金でした。そのおかげか、病気らしい病気もせず、病院へ行かずにすみました。

私の妻は、万が一私が死んだ場合にどうするかを考えていたようです。「お父さん！ 死んだら死体では運ばず、灰で帰ってきてもらいますからね！」と憎まれ口をきいていました。私は妻にお願いしていました。「灰になる前に一目会いに来てくれ」と。

帰国の際はインターネットで格安航空券を探して購入しましたが、格安なので仕方ないとはいえ、到着まであまりにも時間がかかるので参りました。例えばポートビラから日本へ帰国する場合、直行便はないのでポートビラ～シドニー～ソウル～日本というルートになり、乗り換えが2回必要です。しかも驚いたことにシドニーとソウルにそれぞれ1泊しないとなりません。二つの大都市で旅情を味わえますが、当然、宿泊費も必要です。

ボランティア期間が1年間と短いので、早く信頼を得ようと市職員と食事をしたり、カバ・バーへ行ったりして親交を深めるよう努めましたが、そのための費用もかかりました。

外国での生活にはお金の余裕が必要です。お金に余裕があれば、心にも余裕ができます。自分のお金だけならぎりぎりの生活しかできなかったのですが、私の志を理解してくれた長年の友人の渡辺さんが援助してくれました。そのおかげで精神的なゆとりが生まれ、自分でも満足いくボランティアができたと思います。

妻へのメール

道庁時代、地方への転勤は単身赴任でした。なので私がバヌアツへ行くことについて、妻は「亭主は元気で留守が良い」と思っているふうでした。しかし、高齢なのでいつ病気になるか分かりません。遠く離れて身寄りもないバヌアツでは、誰かが助けてくれるわけではありません。そこで妻に高い保険に入らされ、病気ばかりではなく死亡したときの扱いまで聞かされました。確かに妻が心配するのも無理はありません。また、妻は「重労働の除雪や孫の世話を考えると、私がいなければ困る」とも言っていました。私は、毎日妻にメールを書き、健康状態や日常生活のことを知らせ、心配を掛けないようにしようと心に決めました。

あとから数えると1年間のバヌアツ滞在中、私は妻へ400通ほどのメールを送っていました。毎日メールしていたのですね。対して妻から私へは1年で約200通とほぼ半分です。一人でぽつんと生活していたので、私の方がさびしかったのでしょう。

メールを送る本来の目的は健康状態を伝えることでしたが、実際は妻から「転んであばら骨が痛い、足やひざが痛い、歯が痛い、夏バテがつらい」などとメールが送られてきて、私はほぼ聞き役でした。私の方は風邪をひいたぐらいで、ほかにはどこも問題がなく、自分でも感心するぐらい健康だったのです。

妻とはこんなやり取りをしていました。少し紹介しましょう。

1年間のバヌアツ滞在中、3度風邪をひきましたが、風邪にもお国柄があるようです。バヌアツの風邪は玉の汗が出て治りにくかったですね。
〈14年4月16日〉
私「ああ、恥ずかし恥ずかし！　風邪をひき、体がけだるい。同室のウィリーが風邪をひき、わざわざ私の方に顔を向けて『ゴホン、ゴホン』とするのです。すぐあと、ウガイをするのですが、やはりだめでした」
妻「暑いところに住んでいて風邪をひくんですね！　信じられない！　でもお大事に！」

北海道新聞に週1回のコラムを連載していたときのことです。

〈14年5月20日〉

私「《73歳のバヌアツ便り》好評につき6月いっぱい続きます」

妻「好評とはうれしいね！　好評のうちにやめておいた方がよいのでは！」

いつもの妻の憎まれ口に苦笑。


バヌアツの孤独な部屋で思ったこと。

〈14年9月26日〉

私「地球上でかけがえのない人たちは、血のつながっている娘2人と孫5人です。この人たちを守るのが私の使命だと思っています」
妻「了解！　お父さんの今の言葉忘れないぞー、でも私は入ってないの？」

日本から寄贈されたごみ収集車が港に到着。その写真を妻に送りました。

〈14年10月9日〉
妻「メールで写真到着！　立派なトラックですね、安心しました」
私「お母さんに褒められると一番うれしいですね！　お母さんと同じで見た目は元気ですが、中身は弱いかも！」
妻「私を例に出すとはまいったね。本当に見た目と中身が違うことが多いからね！」

メールを通しての妻との会話は、バヌアツでのさびしさを紛らわせてくれました。

苦い思い出

ＪＩＣＡボランティアのときは2年間にわたって剣道を指導しました。今回もあちこちから剣道を教えてほしいと頼まれましたが、「忙しくて教える時間がない」とお断りしていました。しかし、JICAボランティアのときにお世話になった現地事務所職員の日本女性マサコさんが「夫に剣道を教えてほしい」と頼んできたので悩みました。

マサコさんは青年海外協力隊員としてバヌアツに滞在したのをきっかけにバヌアツ人男性と結婚して家庭を築き、2男1女に恵まれました。夫のベンジャミン・シンは、祖父が沖縄県人の日系バヌアツ人であり、現在、首相府の幹部職員として活躍しています。日系ということもあり、日本の武士に興味を持っていたのでしょう。

ボランティアで忙しく、時間がないので断るべきでした。しかし、私には有力なつてがなく、現地で支えてくれる人もいません。「彼に剣道を教え、知己になれば今後の大きな後ろ盾になってくれるだろう」という恥ずかしい魂胆を無意識のうちに抱きました。竹刀もない、防具もない、道場もないので、彼の住まいの大きな庭を使って「剣道型」を教えることにしました。

剣道型とは、打太刀（打つ側）と仕太刀（応ずる側）の2人が9歩離れて対峙《たいじ》し、木刀を用いて日本に古くから伝わる剣道の基本型、すなわち上段、中段、下段、八相のかまえ、脇がまえなどを学びます。2人でも稽古できるので、それを教えることにしたのです。

そして2、3カ月が過ぎたころ。早朝5時に起き、バスで彼の家に向かいました。火、木、土の週3回、1時間の早朝稽古です。到着して準備を整え、彼が顔を出すのを待ちましたが、なかなか出てきません。「マサコさん、彼は体調が悪いのですか?」と聞くと「昨日は遅くまで仕事をし、疲れているので今日は休みたいようです」と言うのです。日本では考えられません。先生が来ているのにベッドで寝たまま出てこないとは！　その日の稽古は休まざるを得ませんでした。

そして後日、「月曜は忙しく、夜遅くまで仕事をしているので火曜朝の稽古はきつい。稽古日を別の曜日に変更できないか」と、マサコさんを通して頼んできました。私は「剣道を志す人間は、いったん決めたことは守り通すのが原則だ。その程度の理由では変更できない」ときっぱり断りました。日本ならば「きつければきついほど精神の鍛錬によし」とするところです。彼らの考え方のほうが合理的かもしれませんが、剣道を教えることは日本の剣道精神を教えることです。彼の失礼な態度やきまりを守らない姿勢を受け入れることはできません。

ＪＩＣＡ時代に剣道を教えていたときは、先生は弟子を慈しみ、弟子は先生を敬っていました。そして剣道精神を尊重していたと思います。私にとって剣道は、精神修養の場です。ベンジャミンにも、新渡戸稲造の『武士道』の英訳本をニューヨークから取り寄せて勉強してもらいました。稽古も早朝から気合を入れて取り組んでいました。にもかかわらず、寝たまま私を追い返すとは、礼を失するという程度ではなく、人間として失格ではないかとさえ思いました。

私は厳しく指導したつもりでしたが、彼は私を師として認めなかったのです。私は彼を指導する資格がないと思い、とても残念でしたが、彼を破門せざるを得ませんでした。師として認められなかった自分の至らなさが情けなくて、もう一度修行し直さなければと反省させられました。

9 バヌアツよ！ ありがとう

ブラックの誇り

私がJICAボランティアとして内務省で働いていたころのボスは、ジョー・ウェル内務大臣でした。50代初めの気さくな方で、私も話をする機会がありましたが、その中で印象に残っている言葉があります。「ブラックの誇り」です。初めて聞いたとき、目からウロコの落ちる思いがしました。

私は都市計画アドバイザーとして都市計画の指導をしていましたが、バヌアツの人たちを上から見下ろしていたと思います。しかし、「ブラックの誇り」という言葉を知り「ボランティアとしての私の役割は、仕事を通してバヌアツの人たちに誇りを抱いてもらうことだ」と悟りました。

18世紀の後半、渡来したイギリス人やフランス人は圧倒的な文明の力でバヌアツを植民地化しました。1980年に共和国として独立しましたが、自主財源はなく、ほとんどを海外援助に依存しており、実質的には独立国とはいえません。だから大臣は、バヌアツ人に「ブラックの誇りを持て」と訴えたのです。

剣道の弟子で企業経営者のミッシェル（右から２人目）と、
彼の片腕となっているムチ（右端）

そのための第一歩は、外国の援助に頼らず、バヌアツ人が働いて金を稼ぎ、バヌアツ人のための国づくりをすることです。

バヌアツの経済界は白人と中国人で占められています。企業経営者のほとんどは白人か中国人ですし、観光地のレストランの多くは白人の経営で、中心市街地のお土産店や食堂は多くが中国人の経営です。バヌアツ人の経営する企業といえば、廃車寸前のワゴン車１台で経営するバス会社や、バヌアツ人相手の郊外の小さな雑貨店くらいです。

しかし、数は少ないものの、経営者や起業を目指す若者たちもいます。私の剣道の弟子ミッシェルは、働きながらポートビラの南太平洋大学を卒業。２００８年にＩＴ関連の会社を設立し、３人の従業員を雇っています。ミッシェルは起業したことに誇りを抱いていて「もっと会社を大きくするんだ」と張り切っていました。従業員の一人で、ミッシェルの片腕となっている38歳のムチは、早くに奥さんを亡くしましたが、子どもを島に残し、事務所に泊まり込んで深夜まで仕事に打ち込んでいます。よく家族のことを話しては「頑張らなくちゃ」と言っていました。

土木技術コンサルタント会社で働く27歳のマルコムは国費留学生としてパプアニューギニア大学で4年間土木工学を学んだ秀才です。卒業後は2年間オーストラリアの大学院で学び「コンサルタント会社を開業したい」と意気込んでいます。彼もまた私の剣道の弟子で、将来を嘱望される青年です。ツアー会社の運転手から独立したジョエルのような、たくましい経営者もいます。小さな一歩ですが、志のあるバヌアツ人が経営者になることで、バヌアツが真の独立国になることを心から期待しています。

後世に残したい人と自然

バヌアツはまだまだ世界に知られていない国です。恥ずかしい話ですが、私もＪＩＣＡの試験を受けるまで知りませんでした。人に知られないのが幸いしてか、人の手が触れられていない自然が豊富です。世界で一番火口まで近づけるタンナ島の火山や、人魚伝説で知られるジュゴンの生息地があり、ペンテコスト島ではバンジージャンプの起源となったランドダイビングが行われています。

気温が高いバヌアツでは、極端なことをいえば、着るものは必要ありません。バヌアツ人は昔、腰みのだけを着け、バナナの葉で作った風通しのよい家に住んでいました。ジャングルへ行けば、バナナ、マンゴー、ヤシの実やグレープフルーツがたわわに実っています。私のような北国育ちから見ると、バヌアツはまるで聖書に出てくるエデンの園に思えました。

バヌアツの友人が、バヌアツのこんなことわざを教えてくれました。
《Yu《ユ》 Hapi《ハピ》, Mi《ミ》 Hapi《ハピ》》（訳　あなたが幸せなら、私も幸せ）

私は驚きました。私の尊敬する元松下政経塾塾頭の上甲晃さんは、全国各地で「青年塾」を立ち上げ、日本の未来を担う青年を育てていますが、そこで掲げている「青年塾の誓い」にある「みんなが幸せになってこそ、自分も幸せになれる」という言葉と一致していたからです。

上甲さんは、「人を犠牲にしたり、人の不幸を喜んだり、自分だけは幸せでいたいと考えるなら必ず社会は行きづまる」と警鐘を鳴らしています。だれかのために苦労してやり遂げ、その人が喜んでくれれば、その喜びは深く、静かです。皆さんも、いろいろな場面でそんな体験をされていると思います。

バヌアツの人々も豊かな自然に囲まれ、他人を思いやり、信じ合い、助け合う心を育んできました。このことわざにはバヌアツのそうした国民性がよく表れています。こんな美しいバヌアツを後世に残したいものです。そして、日々の暮らしに疲れた世界の人々を優しさ、温かさ、希望、明日への活力で満たしてくれる、そんな国であってほしいと願っています。

市長からのメダル授与

帰国前日、「これから議場でパーティーをするから」と招集がかかりました。私の送別会を市長、市議会議員、市職員らが開いてくれるというのです。私が主催して、数人の仲間とカバ・バーでお別れ会を開こうと考えていたくらいだったので、こんな盛大な送別会を開催してくれるなど思いもよらないことでした。

会場では市長が演台に座り、私はその向かいの席に座らされました。私の名前が呼ばれ、市長の前に連れていかれると、市長が私の首にメダルを掛けてくれました！　市への貢献に感謝しての授与だそうです。これには本当にびっくりし、じんと胸に迫るものがありました。

頑張って頑張って市長アドバイザーになれたこと、市の財政再建のプレゼンを新人議員の研修

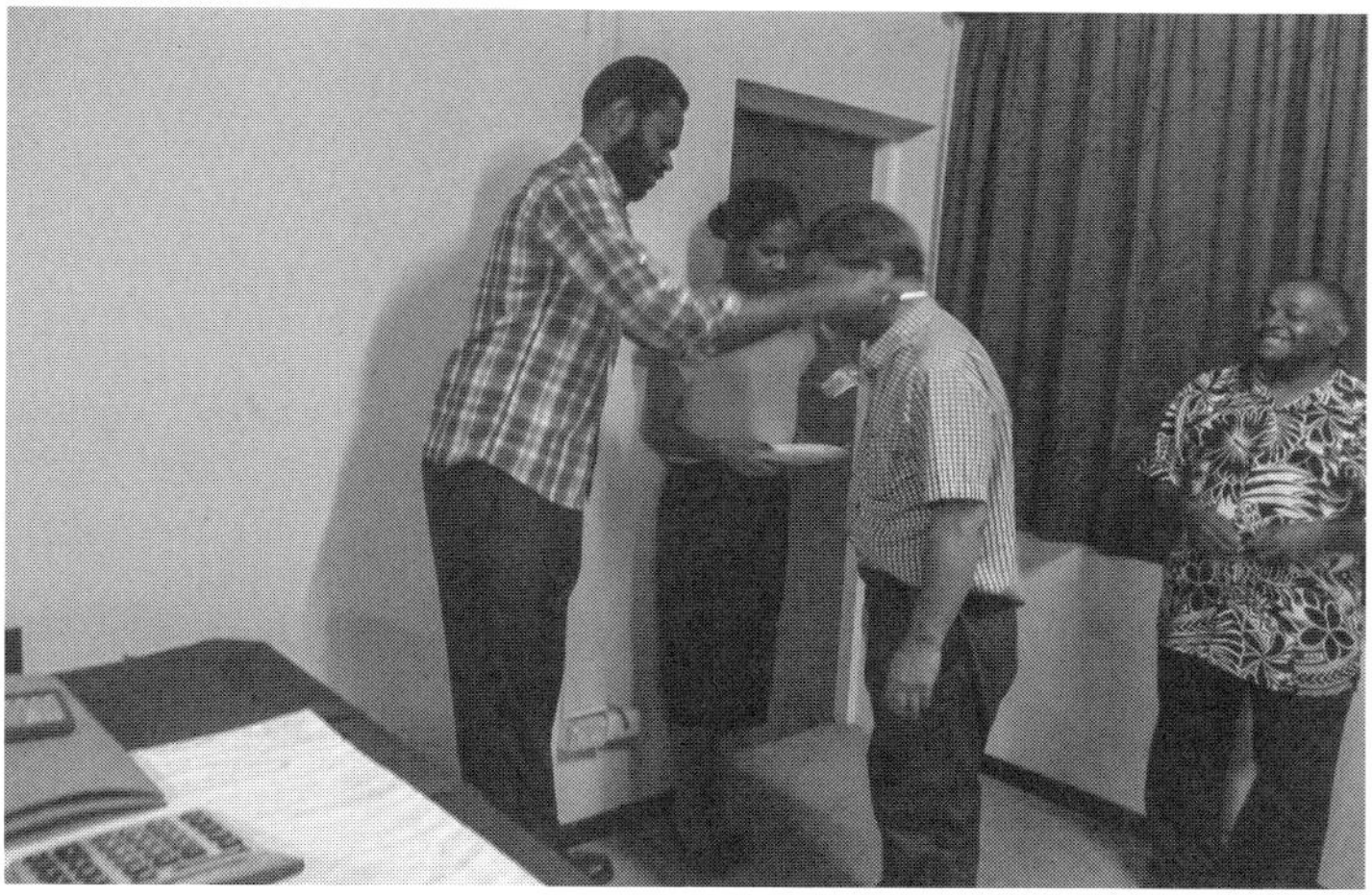

市長からメダルを授与される私

会にもぐり込んでようやく行えたこと、交通渋滞の解消策をつくるために早朝から何回も交通量調査を実施したこと、歩道の段差解消プロジェクトで出会った車いすの少女が輝くような笑顔を見せてくれたこと――今までの出来事が頭の中を巡ります。市長の顔を見ていると、ごみ収集車の輸送費がなかなか払い込まれないので直談判に及んだことが懐かしく思い出されました。

言葉も不十分、文化も全く違う中で、一介の高齢者がよくここまで来られたものだと、自分を褒めてやりたい思いです。「少しは胸を張って帰国できる」と喜びもひとしおでした。

私は親友に電話しました。「おれはポートビラ市のため一生懸命働いたつもりだ。そしておれの努力に対して、市長はメダルを授与してくれた。本当にうれしかった」

親友はこう言いました。「コータロー、良かったな！　お前が帰ってきて『おれはこれをした。あれをした』と言っても、口では何とでも言えるからな。誰もお前の言うことを信用しないよ。しかし、市長からのメダルは、お前の努力が評価された証しだから、今回の行動を非難した連中も認めざるを得ないよな」

今回の個人ボランティアを通して、自分が正しいと思ったことは、非難や中傷があっても信念をもってやるべきだと思いを新たにしました。成果があれば、そんなものは消えてなくなるでしょうから。

日本に帰ってから送別会当日のメールを読み返していると、たまたま妻とのメールが目に留まりました。私の心の動きが読み取れると思うので抜粋し、紹介します。

〈10月23日　19時57分〉
妻へ
今日は本格的な送別会でした。それに私の功績にメダルが授与されました（信じられない）。さらに、明日市長が飛行場まで見送りに来てくれます。どういうことなのでしょう。戸惑っています。素直に喜べばよいのでしょうか？　孝太郎

〈10月23日　20時3分〉

孝太郎へ

　それは素晴らしいことです。お父さんの功績がたたえられたのですね！　妻より

〈10月23日　20時18分〉

妻へ

　返事が早くて驚いています。私は以前と違い自分のことはあまり考えなくなりました。バヌアツのためになっているのであればこんなにうれしいことはありません。以前はバヌアツの人たちは私のボランティアの仕事に興味を示さず、つらかったです。今回市長が評価したのですね。

　さらに市長の言葉です。

「ボランティアで感謝状を手渡すのは今回が初めてです」

私がいうのはおかしいですが、真剣でしたから……。

お母さんに褒められると本当にうれしいですね！

あなたが一番客観的にみているからです。　孝太郎

〈10月24日　16時54分〉

妻へ

私は舞い上がっていません。１年間のつらさを思い浮かべながら、報われたのだろうかと泣きそうになります。

この年になると素直に受け取れないのです。

しかしこれは現実です。きっと頑張った結果なのでしょう。

今後もポートビラのために頑張ります。　孝太郎

10 帰国してから

サイクロンとワタナベ号

帰国以来、会う人会う人に「バヌアツからいつ帰ってきたの？　いつ戻るの？」と聞かれました。私はバヌアツのことなら何でも知っている事情通とみなされているようです。バヌアツとは切っても切れない間柄になってしまいました。

私の愛するバヌアツは2015年3月、大型サイクロン（台風）の「パム」に襲われました。ポートビラ市職員のサンディーがメールで送ってきた写真を見て驚きました。彼の家の屋根が吹き飛び、家財道具が散乱していたのです。

「コータロー、あんな強風生まれて初めてだったよ！」

「サンディーの家族はどうしているの？」

「屋根が吹き飛ばされて青空が見えるし、水道は断水だし、食べ物も不足しているし、困っているんだよ！」

別の写真には市役所のごみ収集車ステーションが写っていました。長さ50メートル、幅20メートルのステーションの大きな屋根が吹き飛び、鉄骨の骨組みがさらされていました。サンディーによると、ポートビラはパムに直撃されて壊滅的な被害を受け、膨大な量のごみが街中に散乱し、現在のごみ収集車の台数では追い付かず、あちこちで悪臭がただよっているとのことでした。「これでは観光客が逃げていく。中古でいいから、収集車をもう1台寄贈してもらえないだろうか？　市長も頭を悩ませている」と言ってきました。

バヌアツ行きを援助してくれた友人の渡辺さんに窮状をお話しすると「何かお手伝いできないかと思っていましたが、収集車は考えていませんでした。検討しますが、車を送ることになったら購入、輸送の手続きは川口さんにお願いできますね」と言ってくれました。そして数日後、「中古ごみ収集車の購入から運搬まで、総予算500万円ほどを予定しているので、その範囲内で進めてください」という返事をいただきました。

高額な寄付なので報道機関への発表を考え、渡辺さんに相談しましたが「困っている人を助けるのは当たり前」と断られました。驚きました。なぜこれほど大きな支援をしてくれたのでしょうか？

きれいごとかもしれませんが、14年に寄贈された収集車「フクオカ号」といい、後に「ワタナベ号」と命名された今回の収集車といい、「世のため人のため」という純粋な奉仕精神の表れだったと思っています。私は2台の収集車の寄贈をお手伝いしながら、利害で動く人たちの多い中で、

日本から贈られた２台目の収集車「ワタナベ号」

地道に善行を積む素晴らしい人たちの姿に心打たれました。

早速、この件をサンディーに伝えたところ、ポートビラ市のウルリッチ市長から「『思いがけない寄贈、大変ありがとうございます。これで市内は美化されます。心から感謝します』と、コータローから渡辺さんに伝えてください」とのメールがありました。市長の感謝を聞いた渡辺さんの反応は「それはよかった！川口さん」と一言だけ。これだけ高額な支援をしたにもかかわらず、淡々と語る渡辺さんに尊敬の念を抱きました。

車の購入、輸出の手続きは、前回お願いした「カークラフト」の長嶋さんに再び依頼しました。車の到着は、パム襲来から半年後の9月になってしまいましたが、サンディーのメールでは大活躍とのことでした。その後まもなく市長からワタナベ号の勇姿を収めた写真と感謝状が届きました。渡辺さんの会社の社長室に飾られたその写真を見るたびに、私はワタナベ号の活躍に思いをはせています。

ポートビラ市からの報告で、パムで被災した電気や水道、主要道路は復旧し、港には大型客船も寄港できるようになったと聞いていたので安心していました。しかしワタナベ号の到着後2年半以上たって、市役所から、パムで発生したごみの処理で処分場がまもなくいっぱいになるため拡張しなければならず、ごみ処理のためにもう1台ブルドーザーが欲しいとの要請があり、まだ影響が残っていることを知りました。

私の方で市町村や建設会社に当たりましたが、ブルドーザーは中古であっても高額なため、個人の力ではうまくいきませんでした。「JICAに要望してはどうか」ともアドバイスしましたが、JICAの予算も限られており、たぶん難しいでしょう。困ればすぐ援助国に頼む姿勢も問題です。自分たちの力でどうするか考えるべきだと思うので、少し様子を見たいと思っています。

帰国後に依頼されて講演した江別市民国際交流協会は、今回の大災害を知り、さっそくチャリティーコンサートを開いて寄付金を募ってくれました。寄付金を送られたポートビラ市長から「日本国民の支援」に感謝するメールが届きました。

新たな夢に向かって

帰国してからほぼ2年たった16年秋、私の胸に新しい夢がふつふつとわいてきました。それは「技術士」という資格を取り、剣道弟子のマルコムとキキに日本の技術を伝えることです。技術士は英語でProfessional Engineerといいます。法律で「科学技術に関する高等の専門的な業務を指導する者」と定められた国家資格です。建設コンサルタントの会社を経営するには、この資格が必要です。また、土木コンサルタントとして国際的に活動するには、アジア太平洋経済協力会議（ＡＰＥＣ）の認定する技術士の資格が欠かせません。

さほど困難な資格とは思っていなかったのですが、19年の今も挑戦を続けています。取り組んでみるとなかなか難しくて苦労しています。現在78歳の私は、覚えてもすぐ忘れてしまうのです。しかし、一度抱いた夢なので、実現するまで頑張ります。

栗山に留学したエリザベートはバヌアツ人男性と結婚し、5年前から再び栗山に住んでいます。現在33歳で4歳と2歳の男の子の母親です。上の子は「ヒロシ」、下の子は「マッキントッシュ」。「ヒロシ」の名は、留学を世話してくれた栗山の実業家・浅利弘さんからいただいたそうです。彼女はヒロシを「将来、バヌアツの首相にしたい」と話しています。日本とバヌアツの懸け橋になる夢を息子に託したいのでしょう。

彼女は今、浅利さんの仕事を手伝っています。87歳の現在も、かくしゃくとして働き続けている浅利さんは、ゆくゆくは自分の仕事を彼女に引き継がせたいと願っているようです。

彼女はポートビラ市で靴店を開く準備も進めています。バヌアツで売られている中国製の靴はすぐ靴底が剥がれてしまうので、品質の良い日本製の靴を売りたいと考えているようです。さらに、夫がマレクラ島のある村のチーフの家柄で広い土地を持っているので、そこでカカオを栽培することにしました。食品大手のネスレ日本と提携し、3〜5年の間にカカオを日本へ輸出する予定です。

一方、エリザベートから「メラネシアンホテルで一緒に働いていたジョエルが亡くなった」と聞かされました。4年前、自宅でシャワーを浴びているときに倒れたのだそうです。ショックでした。私が初めてバヌアツを訪れた当時、彼が小型バスでポートビラ市内とエファテ本島を案内してくれたことを思い出しました。人なつこいジョエルの死は本当にさびしく、胸が痛みます。

マルコムは、キキが個人タクシーの運転手兼オーナーをしていると知らせてくれました。マルコム自身は現在も土木技術コンサルタント会社で働いています。以前、ポートビラでコンサルタント会社を経営したいと言っていましたが、まだ夢に向かって走り出してはいないようです。仕事柄、中国の援助事業を観察する機会があったそうですが、「中国の土木技術は品質管理や施工管理がよくない。日本の技術を学びたい」と話していました。それを聞いた私は「早く技術士になって、弟子たちに日本の技術を伝えなくては」と思いを新たにしています。

ポートビラ市役所の近況はサンディーが教えてくれました。建築の審査官だった彼はごみ収集と埋め立ての責任者になり、同室のウィリーはコミュニティー活動の仕事に異動しました。

残念だったのはウルリッチ市長が任期を終え、新しい市長に代わったことです。ウルリッチ市長は「市役所もお金を稼がなければならない」という私の訴えに耳を傾け、財政再建に乗り出しました。その結果、市役所の収入は増え、職員の給料も上がり、市の財政も強化されたのだそうです。私にとってはこの上ない喜びです。

サンディーは都心の渋滞も改善されていると教えてくれました。渋滞対策に取り組んだ私にとって、これもうれしいことでした。

2度目のボランティアから帰国して5年たちました。今度は旅行者としてバヌアツを訪れ、ウルリッチ市長をはじめポートビラ市の同僚、剣道の弟子やエリザベートのご両親とお会いして旧交を温めたいものです。ワタナベ号にも対面したいですね。私はこれからもバヌアツの役に立ちたいと思っています。

あとがき

　バヌアツから戻り、畏友《いゆう》の渡辺崇彦さんを訪ね、夕食をともにしながら帰国報告をしました。すると渡辺さんから「川口さんの話は面白いよ、本にまとめてみたら」と勧められました。ただ「本を書くのは難しいよ」とも言われました。

　バヌアツ滞在中、北海道新聞にコラム「73歳のバヌアツ便り」を11回にわたって連載しました。執筆を依頼された際、「なぜ私に？」と聞くと、コラムを担当した生活部（現くらし報道部）の上田貴子記者は「いま高齢者の生き方について特集を組んでいます。川口さんのバヌアツでのボランティアを『高齢者の生き方』の一つのサンプルとして取り上げたいのです。気楽に書いて送ってください」と言いました。

　私は根っからの技術屋で、文章といっても土木学会に小論を投稿する程度です。エッセーのようなやわらかく、楽しい文章は書いた経験がありません。自信はなかったのですが、苦手意識よりも「書きたい！」という気持ちが勝っていました。書くという世界が新鮮で大いに興味があったからです。やってみるまではこれほど大変な仕事だとは思っていませんでしたが……。

振り返ると、私は「レインボープラン」の立案や、市の財政再建、交通渋滞解消のための提案を行い、ごみ収集車の寄贈を実現させました。市長からはボランティアには贈ったことのないというメダルや感謝状までいただきました。まだまだやり残したことはありますが、少しでもバヌアツの人々の役に立ったならば、これほどうれしいことはありません。

ボランティア期間中、たくさんのバヌアツの人たちに助けられました。中でもレインボープラン作成のとき、現地調査で私を助けてくれたヤスとロチャー、見ず知らずの日本の高齢者を個人ボランティアとして採用してくれたポートビラ市のルーベン元市長と、働かせてくれたウルリッチ前市長には心から感謝しています。

剣道の弟子たちは私の宝物です。2年間、腹から大きな声を出し、体をぶつけ合い、汗をともに流した間柄ですから、師弟関係は一生続いていくことでしょう。本当に剣道を教えてよかったと思っています。

バヌアツの人々との友情を大切にしながら、これからもバヌアツのためになることをしていきたいと考えています。

この本の出版に関して、謝意を伝えたい人が日本にもいます。

北海道新聞社出版センターの西村章さんは、文章を書き慣れていない私の原稿を、長きにわたって手直ししてくれました。西村さんの協力がなければ、この本が日の目を見ることはなかったでしょう。本当に感謝しています。

2度目のバヌアツ行きを決めたとき、周りの人たちがみな引き留める中、渡辺崇彦さんだけは、私の志を理解して背中を押してくれました。さらに物心両面にわたって手厚くサポートしてくれました。心からお礼申し上げます。

そして妻には、3期目を目指した町長選への立候補から落選、そしてバヌアツ行きまで本当にたくさんの苦労を掛けてしまいました。洽子《きょうこ》は私の妻であると同時に、困難な人生をともに切り開いた戦友でもあります。こんなわがままな私をよく支えてくれたと、何度も何度も「ありがとう」と言いたい気持ちです。

2度目のボランティアに旅立とうとしたとき、私は周囲から「高齢だから」と反対されましたが、帰国してこんな話を聞きました。

農学者で元鳥取大学教授の遠山正瑛先生は、中国のモンゴル自治区にあるクブチ砂漠を緑化しようと1986年にポプラの植樹を始めました。2001年には360万本に達しましたが、そのとき遠山先生は95歳でした。緑化で農作物が収穫できるようになり、遠山先生は、地元の人々から大いに感謝され、尊敬されているそうです。

遠山先生の活躍を知り、「私なんかまだまだ若造、さらに人のために働かなければ」と強く思いました。

社会は高齢者を「年相応」という常識で縛ろうとします。しかし、高齢者は常識にとらわれることなく、もっと自由に行動してもよいのではないでしょうか。現在の高齢者は健康で優れた能力を持っています。それを生かし「世のため、人のため」に尽くすべきです。

私の場合は海外ボランティアに挑戦しましたが、国内でもやれることはいろいろあるはずです。身近なところでは小学校の通学路の交通安全や、より高齢な方の除雪のお手伝いなどです。ハードルは高いですが、知識や経験を生かして起業することだってあり得るでしょう。要は高齢者という殻に閉じこもらずに行動することが大切だと思うのです。

超高齢化社会の今こそ「老人よ、大志を抱け」です。皆さん、ともに頑張りましょう！

２０１９年10月　川口孝太郎

＜著者紹介＞

川口 孝太郎（かわぐち・こうたろう）

1941年生まれ。空知管内栗山町出身。北海道大学工学部卒。64年に北海道入庁。73年12月末から1年間、フランス政府外務省海外技術協力研修生としてパリで都市計画を学ぶ。住宅都市部技監、釧路支庁長などを経て、98年4月に栗山町長に当選。2期8年を務める。2007年4月から2年間、国際協力機構（JICA）のシニアボランティアとしてバヌアツ共和国へ派遣される。13年9月からは同国のポートビラ市で1年間、個人ボランティアとして市長アドバイザーを務める。

装　幀　　佐々木 正男（佐々木デザイン事務所）

南の島に夢を描いて

落選町長のボランティア奮闘記

発行日　　2019年11月22日　初版第1刷発行

著　者　　川口 孝太郎
発行者　　五十嵐 正剛
発行所　　北海道新聞社
〒060-8711　札幌市中央区大通西3丁目6
出版センター（編集）電話：011-210-5742
（営業）電話：011-210-5744
https://shopping.hokkaido-np.co.jp/book/
印　刷　　中西印刷株式会社
製　本　　石田製本株式会社

落丁・乱丁本は出版センター（営業）にご連絡ください。お取り換えいたします。

ISBN978-4-89453-962-4